Stundenblätter

»A Raisin in the Sun«

W0379603

Monika Felber/Christine Kössler

Stundenblätter
Hansberry
»A Raisin in the Sun«

41 Seiten Beilage

Ernst Klett Verlag

Reihe: Stundenblätter Englisch

Eine Textausgabe des Stückes ist im Ernst Klett Verlag erschienen:
Lorraine Hansberry
A Raisin in the Sun
Text and study aids. Abridged and annotated by Gisela Hergt
Klettbuch Nummer 5788

CIP-Kurztitelaufnahme der Deutschen Bibliothek

Felber, Monika:
Stundenblätter Hansberry "A raisin in the sun" /
Monika Felber; Christine Kössler. –
1. Aufl. – Stuttgart: Klett, 1986. & Beil.
(Reihe Stundenblätter Englisch)
ISBN 3-12-925163-4

NE: Kössler, Christine:

ISBN 3-12-925163-4

1. Auflage 1986
Alle Rechte vorbehalten
Fotomechanische Wiedergabe nur mit Genehmigung des Verlages
© Ernst Klett Verlage GmbH u. Co. KG, Stuttgart 1984
Satz: G. Müller, Heilbronn; Wilhelm Röck, Weinsberg
Druck: Wilhelm Röck, Weinsberg
Einbandgestaltung: Zembsch' Werkstatt, München

Inhalt

Wir danken Frau Küppers aus Reutlingen und Herrn Jäger aus Nagold, die uns in der Erprobungsphase behilflich waren, und ganz besonders Herrn Prof. Dr. Peter Pasch vom Studienseminar Tübingen, der uns wertvolle Hinweise gab.
Die Korrektur der englischsprachigen Textteile führte Mrs. Suzanne Ranson durch.

Zu Konzeption und Aufbau der Unterrichtseinheit

Zur Wahl des Stückes

Lorraine Hansberrys "A Raisin in the Sun", ein Theaterstück über die Wünsche, Ziele und Probleme einer schwarzen Familie aus einem Getto von Chicago, zählt nicht zu den bekanntesten Werken der schwarzamerikanischen Literatur, und vom rein literaturwissenschaftlichen Standpunkt aus ist es sicher auch keines der bedeutendsten. Dennoch empfiehlt sich gerade dieses Stück für den Englischunterricht der Oberstufe.

Zum einen gehört es von der Länge und Komplexität her zu den Ganzschriften, die ohne Verzicht auf wesentliche Elemente in einem Zeitraum behandelt werden können, in dem sich die Motivation der Schüler aufrechterhalten läßt; auch die häusliche Vorweglektüre kann sowohl in Klasse 11 als auch in einem Grund- oder Leistungskurs erwartet werden.

Vor allem aber schneidet dieses Drama einer jungverstorbenen schwarzen Autorin eine Fülle von allgemein amerikanischen sowie spezifisch schwarzamerikanischen Problemen an, so daß sich eine interessante Verknüpfung von literarischer Interpretation und landeskundlicher Information verwirklichen läßt. Außerdem kann die Lektüre in einen größeren unterrichtlichen Zusammenhang integriert werden, sei es eine umfassende Betrachtung der Minderheiten in den USA, sei es die Auseinandersetzung mit den Problemen heranwachsender Jugendlicher oder auch einer Gegenüberstellung konventioneller und experimenteller Dramenformen. Bei der Erprobung der vorliegenden Einheit hat sich darüber hinaus gezeigt, daß die Schüler sich mit der Figur der Beneatha, die gerade dabei ist, ihre eigene Rolle in der Gesellschaft zu definieren, stark identifizierten und entsprechend motiviert mitarbeiteten.

Didaktische Konzeption der Unterrichtseinheit

Unser Unterrichtsvorschlag geht davon aus, daß die Schüler das Werk vor der Bearbeitung im Unterricht ganz gelesen haben, damit die Möglichkeit zu Querverweisen, zu übergreifender Interpretation und Diskussion, kurz: zu einer oberstufengemäßen Betrachtungsweise, besteht.

Durch möglichst motivierende Ankündigung bzw. Kurzeinführung des Stückes und durch die Ausgabe kontrollierender Arbeitsblätter (vgl. S. 13ff.), in die der Inhalt stichpunktartig eingetragen werden soll, wird die häusliche Lektüre gesichert. (Auf diese Arbeitsblätter kann bei der späteren thematischen Vorgehensweise immer wieder zurückgegriffen werden, um die Handlung zu vergegenwärtigen.) Damit die Schüler einen Anhaltspunkt haben, wie die Blätter auszufüllen sind, werden die Stichpunkte zur ersten Szene vorgegeben. In der Praxis wird vermutlich trotzdem der Fall eintreten, daß zumindest einige Schüler den Anweisungen nicht nachgekommen sind. Aus dieser Überlegung heraus haben wir die Einzelstunden so konzipiert, daß die wesentlichen Aspekte durch konkrete Textarbeit erschlossen werden und die Vorkenntnis immer hilfreich, aber nicht unbedingt notwendig ist.

Eine Ausnahme bilden lediglich die beiden Einstiegsstunden, in denen ein Handlungsüberblick gegeben und der Aufbau

der Einheit vorgestellt und diskutiert werden soll. Letzteres trägt der von der modernen Didaktik erhobenen Forderung nach Transparenz des Unterrichts und Mitbestimmung der Schüler, besonders in der Oberstufe, Rechnung. Wenn die Schüler das Stück nicht gelesen haben, wird man die Doppelstunde entsprechend reduzieren und früher mit der konkreten Textarbeit (d. h. mit der 3. Stunde) beginnen. Der Handlungsüberblick kann dann als Zusammenfassung zu einem späteren Zeitpunkt nachgeholt werden. Bringen die Schüler Änderungswünsche ein, so sollten diese nach Möglichkeit beachtet werden. Die Stundenblätter verstehen sich nicht als Korsett, sondern nur als ein Vorschlag; Umstellungen innerhalb der Einheit sind problemlos vorzunehmen.
Das Drama wurde 1961 von dem amerikanischen Regisseur Daniel Patrie verfilmt. Außerdem existiert eine Fassung auf Audiokassette und eine dreißigminütige Besprechung durch den „lecturer“ C. W. E. Bigsby. Allerdings sind diese Materialien in Deutschland schwer erhältlich und wurden deshalb nicht berücksichtigt.

Inhaltliche Gliederung der Einheit

Die Unterrichtseinheit zu “A Raisin in the Sun” gliedert sich in drei Sequenzen mit je vier (einmal fünf) Unterrichtsstunden und eine zweistündige Schlußsequenz.

Im ersten Stundenblock, den wir mit *The play as a dramatic entity* überschrieben haben, wird das Drama unter literaturwissenschaftlichen Gesichtspunkten betrachtet. Im Mittelpunkt der ersten Doppelstunde stehen daher Bestandteile jeder traditionellen Dramenanalyse: Figurenkonstellation, *plot, structure,* Themen, *setting*. Dabei gehen wir relativ ausführlich auf die Regieanweisungen ein, so daß das Stück für die Schüler auch als Bühnenrealität erfahrbar wird.
Die folgenden beiden Stunden führen zu einer genaueren Charakterisierung der Hauptfiguren, d.h. Ruth, Walter, Beneatha und Mama. Ihr Verhältnis zueinander wird untersucht ebenso wie die Frage, inwieweit sie von den Lebensbedingungen im Getto geprägt sind.
Die Schüler erhalten also in dieser ersten Unterrichtssequenz einen Überblick über das Drama als Ganzes sowie ein begriffliches und methodisches Instrumentarium, das sich auf weitere Beispiele der Gattung Drama übertragen läßt.

Die folgende, ebenfalls vierstündige Sequenz mit dem Titel *The main characters' values and problems in daily life* ist im Gegensatz zur vorangehenden problemorientiert, wobei die Reihenfolge der Themen der Chronologie des Stückes folgt. Die Schwerpunkte *money, education, religion* und *family structure* ergeben sich aus der ersten und längsten Szene des Dramas. Hier führt Lorraine Hansberry die Mitglieder der Familie Younger ein und stellt die Schwierigkeiten und Auseinandersetzungen dar, die ihr tägliches Leben bestimmen.
Die Zusammenfassung dieser Problemkomplexe, die sich zum Teil durch das Stück hindurch weiterverfolgen lassen, zu einer Unterrichtssequenz rechtfertigt sich auch durch ihre strukturelle Verwandtschaft: Es handelt sich durchweg um Probleme, die weiße *und* schwarze Unterschichtsfamilien betreffen. Sie erfahren zwar im Zusammenhang mit schwarzen Gettobewohnern eine spezielle Ausprägung, auf die im Unterricht auch eingegangen wird, aber die Autorin stellt nicht schwerpunktmäßig den rassenspezifischen Aspekt heraus.
Die Konzentration auf die oben genann-

ten Bereiche bedeutet, daß im zweiten Stundenblock landeskundliche Themen verstärkt ins Blickfeld geraten und die dramenimmanente Analyse durch Hintergrundinformationen erweitert wird.

Ähnliches gilt für die dritte Unterrichtssequenz *Race and Racism,* in der Problembereiche behandelt werden, mit denen die Familie in späteren Szenen durch Außenstehende konfrontiert wird. Diese Themen betreffen nun ausschließlich die Situation der schwarzen Amerikaner.
Die Sequenz beginnt mit der Doppelstunde *Africa and black identity,* die der zentralen Frage der Vergangenheitsbewältigung und Identitätsfindung der Afroamerikaner gewidmet ist. Im Stück ist es das Geschehen um die Figur des Afrikaners Asagai (eingeführt in I,2), mit dem die Autorin die schwierige Auseinandersetzung der Schwarzen mit der eigenen Geschichte und Persönlichkeit thematisiert. Eine weitere wichtige Figur, die von außen in das Familienleben eingreift, ist Lindner, der einzige Weiße im Stück. Sein Erscheinen (in II,3) lenkt die Aufmerksamkeit von den Problemen innerhalb der Welt der Schwarzen zum Konflikt zwischen Schwarz und Weiß. Die Stunden *The Younger family's confrontation with racial prejudice* und *Black movements* haben diese Konfrontation zum Gegenstand. In der ersten wird Hansberrys Darstellungsweise analysiert, bei der individuelles Bemühen und das Besinnen auf die eigene Stärke dazu führen, daß der Traum der Familie nach einem eigenen Haus sich trotz aller Widerstände erfüllt und die Mitglieder den Mut finden, in eine „weiße" Gegend zu ziehen, auch wenn sie dort unerwünscht sind. In der darauffolgenden Stunde werden der Sichtweise der Autorin politische Lösungsansätze gegenübergestellt, insbesondere unterschiedliche Richtungen der amerikanischen Bürgerrechtsbewegung, in deren Anfängen auch *A Raisin in the Sun* entstanden ist.
Die Schüler erwerben so in der dritten Unterrichtssequenz innerhalb des Literaturunterrichts ein breites landeskundliches Wissen zum Thema *Blacks in the USA.*

Die Schlußsequenz *The author's intention and critical evaluation of the play* besteht aus zwei Stunden. Zunächst wird ein weiteres wesentliches Thema des gesamten Dramas angesprochen, das sich mit der Bezeichnung *dreams* zusammenfassen läßt: Zum einen hat jede der Figuren ihren *dream,* ihre persönliche Zukunftsvorstellung oder -vision; zum anderen stammt der Titel des Stückes selbst aus einem Gedicht, das als Motto dem Stück vorangestellt ist und das mit der Frage einsetzt *What happens to a dream deferred?* In Anbetracht der Herkunft der Autorin bietet sich an, in eine umfassende Synthese auch das Konzept des *American Dream* einzubeziehen. Auf der Grundlage der in der gesamten Unterrichtseinheit erworbenen Kenntnisse können die Schüler so die Ziele der Familie Younger in Beziehung setzen zu den Vorstellungen und Idealen, die seit den ersten Siedlern in den Staaten lebendig geblieben sind. Ein Vergleich des *American Dream* mit der Realität, den tatsächlichen Aufstiegschancen allein durch individuelle Anstrengung, ergänzt die Arbeit.
Darüber hinaus schließt die Synthese die Interpretation des vorangestellten Gedichtes ein sowie Überlegungen zur Absicht, welche die Autorin mit der Wahl des Titels und dem Inhalt des Stückes insgesamt verfolgen mag. In einem weiteren Schritt soll zudem eine Bewertung der literarischen Qualität von *A Raisin in the Sun* versucht werden. Den Abschluß bildet eine Art „Manöverkritik", die kriti-

sche Stellungnahme der Schüler zu Konzeption und Ablauf der Unterrichtseinheit.

Zur Konzeption der Einzelstunden

Beim Entwurf der einzelnen Unterrichtsstunden wurde angestrebt, möglichst abwechslungsreiche Arbeitsformen und Zusatzmaterialien anzubieten, um das Interesse der Schüler zu erhalten. Als motivierender Einstieg dient beispielsweise ein Song von Elvis Presley, ein Photo, eine provokative Frage o. ä. Impulse auf Transparentfolie, Arbeitsblätter für Einzel-, Partner- oder Gruppenarbeit und Tafelanschriebe zur Fixierung der zentralen Stundenergebnisse bestimmen neben den verschiedenen mündlichen Unterrichtsverfahren den Ablauf der Stunden. Beim Einsatz des Tageslichtschreibers wird vor allem der Vorteil genutzt, daß Bildmaterialien, Statistiken u. ä. projiziert und Texte von überschaubarer Länge ohne Zeitverlust eingeblendet werden können, um so ein Unterrichtsgespräch zu initiieren oder die Aufmerksamkeit auf einen bestimmten Aspekt zu lenken. In manche Stunden sind Zusatztexte integriert, die wesentliche Hintergrundinformationen enthalten und so das Verständnis des Stükkes erleichtern, oder auch Texte, die weiterführende Information zu einem bestimmten Problemkreis geben. Ihre Behandlung sollte allerdings im Verhältnis zur Interpretation des Werkes selbst kein zu großes Gewicht erlangen. Vorschläge für Vokabel- und Grammatikarbeit werden nicht gemacht, da wir davon ausgehen, daß dies dem Kenntnisstand der jeweiligen Klasse angepaßt werden muß. Auch Art und Zeitpunkt von Wiederholungsphasen bleiben der Entscheidung des einzelnen Lehrers überlassen.

Insgesamt ist zu bemerken, daß die einzelnen Stunden ein Maximalprogramm beinhalten, das nur bei straffem Unterrichtsstil und guten Arbeitsbedingungen durchführbar ist. Daß in der Praxis immer wieder aus verschiedenen Anlässen Zeit verloren geht und der Plan entsprechend angepaßt werden muß, läßt sich nicht verhindern.

Form der Darstellung

Kernstück des vorliegenden Buches sind die auf Englisch abgefaßten Ausführungen zum *Inhalt der Stunden* und die ebenfalls in der Zielsprache geschriebenen beigelegten *Stundenblätter.* Für mehr als die Hälfte der Stunden wurden *Arbeitsblätter* erstellt, die jeweils den Stundenblättern zu derjenigen Stunde beigefügt sind, in der sie besprochen werden (d. h. nicht der, in der sie evtl. als Hausaufgabe ausgeteilt werden).

Die englische Sprache in den Abschnitten mit Sachinformation wurde gewählt, um die Versprachlichung im Unterricht zu erleichtern. Da wir aber keine *native speakers* sind, mögen sich trotz gründlicher Durchsicht durch eine Engländerin noch stilistische Unebenheiten finden. Für solche Mängel bitten wir um Nachsicht.

Den Beschreibungen des Inhalts der Stunden wurde jeweils eine *didaktische Vorbemerkung* und eine *Verlaufsskizze* vorangestellt. Hier finden sich Erläuterungen zur Konzeption und ergänzende Hinweise zur Durchführung. Darüber hinaus werden verschiedenartige *Erweiterungsvorschläge* gemacht, so daß die Einheit auch über die ausgewiesene Stundenzahl ausgedehnt werden kann.

Darstellung der Unterrichtseinheit

1./2. Stunde: General survey: setting; plot; themes

Didaktische Vorbemerkung

Die Konzeption dieser Einheit (und damit auch der ersten Doppelstunde) geht aus von der Voraussetzung, daß ein Großteil der Schüler das Stück gelesen und das Arbeitsblatt, das dazu ausgegeben wurde, ausgefüllt hat. Sollte dies nicht der Fall sein, muß diese Doppelstunde, die eine inhaltliche Übersicht über das Stück erbringen soll, stark gerafft werden und früher mit der konkreten Textarbeit (d. h. der 3. Stunde) begonnen werden. Es ist ohne weiteres möglich, die Einheit durch vorbereitende Hausaufgaben und Lektüre im Unterricht auch ohne Kenntnis des Gesamttextes durchzuführen. Unserer Ansicht nach sollte jedoch den Schülern, die das Stück auftragsgemäß gelesen haben, die Chance gegeben werden, ihr Wissen einzubringen. Außerdem trägt es sehr zur Motivation bei, wenn die Vorstellungen und Ideen der Schüler in gewissem Umfang bei der Planung einer Einheit miteinbezogen werden.

Ziel der Stunde ist, neben einer allgemeinen Beschreibung des ersten Eindrucks und einer groben Situierung der Handlung, einen Überblick über den Handlungsverlauf zu geben und diesen so zu fixieren, daß später bei der Behandlung der Einzelthemen darauf zurückgegriffen werden kann. Darüber hinaus sollen die wesentlichen Themen *(money, education, religion, family life, Africa, black identity, racial equality)* gesammelt und strukturiert werden, so daß sich drei Komplexe herauskristallisieren: Probleme, die sich innerhalb der Familie abspielen, die Auseinandersetzung mit der afrikanischen Vergangenheit, die Gleichberechtigung der Schwarzen und Weißen.

Aus Gründen der Motivation wurde als Einstieg der E.-Presley-Song *In the Ghetto* gewählt. Schauplatz ist, wie bei Hansberry, das Chicagoer Getto; der Song weicht jedoch in seiner inhaltlichen Darstellung des Milieus sehr von der Welt des Dramas ab, da er völlig von Hoffnungslosigkeit und Pessimismus beherrscht wird. Er ist damit gut geeignet, die Darstellung des Lebens der Familie Younger zu relativieren und die Handlung des Stückes in einen größeren Kontext zu stellen.

Verlaufsskizze

Voraussetzungen:

Als Hausaufgabe haben die Schüler die ausgegebenen Arbeitsblätter (vgl. S. 13 ff.) ausgefüllt, die der Inhaltssicherung dienen. Auf den Blättern waren sowohl die Spaltenüberschriften vorgegeben als auch die Angaben zur ersten Szene (als Hinweis auf die erwartete Form und Ausführlichkeit).

Unterrichtsschritt 1:
Setting of the play

Als Einstieg wird der Elvis-Presley-Song *In the Ghetto* vorgespielt; da er sprachlich kaum Schwierigkeiten bietet, dürfte ein einmaliges Abspielen genügen. Mit der

Zusatztext zur 1./2. Stunde

Elvis Presley: In the Ghetto

As the snow flies
on a cold and grey Chicago morning a poor little baby child is born
in the ghetto,
And his mama cries
'cause if there's one thing she don't need
is another hungry mouth to feed
in the ghetto.

But, people, don't you understand
the child needs a helping hand,
or he'll grow to be an angry young man some day?
But take a look at you and me,
are we too blind to see?
Do we simply turn our heads and look the other way?

Well, the world turns.
And a hungry little boy with a running nose
plays in the street, as the cold wind blows
in the ghetto,
and his hunger burns.
So he starts to roam the streets at night,
and he learns how to steal, and he learns how to fight
in the ghetto.

Then one night in desperation
the young man breaks away.
He buys a gun, and he steals a car,
and he tries to run, but he don't get far,
and his mama cries.

And a crowd gathers around an angry young man,
face down in the street with the gun in his hand
in the ghetto,
and there's a young man died.
On a cold and grey Chicago morning another little baby is born
in the ghetto,
and his mama cries
in the ghetto.

(Transcribed from: Elvis, *20 Fantastic Hits*, RCA Corporation 27480-3 Stereo)

Arbeitsblätter zur 1./2. Stunde

Act I	**Scene 1** p. 10–27	**Scene 2** p. 28–38
setting { time place **activities**	Friday morning living room getting up, going to work/school	Saturday morning living room house cleaning
characters (underline those who appear for the first time)	Ruth Travis Walter Beneatha Mama **Mama** **Ruth ∞ Walter** **Beneatha** **Travis**	Travis Mama Walter Beneatha Asagai Ruth
contents (only facts; 1–3 sentences)	The Younger family gets up and quarrels about all sorts of things.	Asagai, Beneatha's friend from Africa, comes to see her. The insurance money arrives; the family discusses how it should be spent.

Globalfrage nach Gemeinsamkeiten zwischen Song und Drama beginnt das Unterrichtsgespräch. Danach kann der Text des Songs (vgl. S. 12) ausgeteilt werden. Daran schließt sich im fragend-entwickelnden Verfahren eine Analyse des Songs an. Dabei sollte deutlich auf die pessimistische Grundhaltung abgehoben werden, die das Leben im Getto als ausweglosen Teufelskreis anklagt.
Die Schüler werden nun aufgefordert, Hansberrys Vorstellung mit der analysierten zu vergleichen und ganz kurz den konkreten Rahmen der Handlung zu beschreiben.
Als Grundlage für eine genauere Beschreibung des Schauplatzes wird die erste Regieanweisung (Stillarbeit oder Vortrag eines Schülers) gelesen; in einem Unterrichtsgespräch (evtl. mit TA) erfolgt die Klärung der Verhältnisse.

Unterrichtsschritt 2:
Plot

Die Aufarbeitung des Inhalts wird fortgeführt anhand der Arbeitsblätter, die die Schüler zu Hause ausgefüllt haben, wobei die Auflistung der Figuren den Angaben zum Inhalt vorausgeht.
Die einzelnen Punkte werden in einem TA zusammengefaßt. Beim TA sollte der Lehrer darauf achten, daß das Schema bereits an der Tafel steht, bevor die Schüler sich zum Inhalt äußern. Wenn die Schüler das Stück gelesen haben, nimmt die Wiedergabe des Inhalts beträchtliche Zeit in Anspruch. Um also von vornherein eine gewisse Ordnung vorzugeben, sollte die Szeneneinteilung (wie sie ja auch auf dem Arbeitsblatt vorliegt) an der Tafel als Orientierung dienen. Der TA beginnt mit den Figuren in der zweiten Querspalte; dann wird darüber in der noch freien Spal-

Act II	Scene 1 (p. 39–48)	Scene 2 (p. 49–54)	Scene 3 (p. 55–69)
setting { time place **activities**	Later. Saturday (the same day) living room ironing	Friday night living room moving has started	Saturday. One week later living room moving day
characters (underline those who appear for the first time)	Ruth Beneatha <u>George</u> Walter Mama Travis	George Beneatha Mama Ruth Walter Travis	Ruth Beneatha Walter <u>Lindner</u> Mama Travis <u>Bobo</u>
contents (only facts; 1–3 sentences)	George Murchison, another black friend of Beneatha, comes to see her. Mama has bought a house in a "white area"; apart from Walter everybody is happy about it.	Mama gives up her position as "head of the family" by handing the rest of the money over to Walter.	The family's happiness is suddenly disturbed: Lindner brings them to understand that their white neighbours will not accept them. Another shock: Willy Harri with whom Walter wanted to open "his" liquor-store has disappeared with the rest of the money.

te der Versuch gemacht, den Plot in Form einer Spannungskurve grafisch umzusetzen. (Durch diese Anordnung können die einzelnen Themen, die im nächsten Unterrichtsschritt aufgezählt werden, direkt mit den Personen in Verbindung gebracht werden.)
Gegebenenfalls werden hier die Begriffe *exposition, climax, turning-point* erläutert und Zusatzinformation zum Aufbau des Dramas nach Aristoteles gegeben.
Die Erarbeitung des Inhalts wird abgeschlossen mit der Aufforderung an die Schüler, ihre persönlichen Meinungen/Eindrücke über das Stück zu äußern.

Unterrichtsschritt 3:
Problems and themes of the play/ structure of the unit

Im Unterrichtsgespräch sollen die Schüler auflisten, mit welchen Problemen die Familie Younger sich auseinanderzusetzen hat *(money, ghetto life, family life, education, religion, dreams)* und weitere Themenkreise nennen, die mit dem Erscheinen von Asagai / George Murchison / Lindner zur Sprache kommen. Dabei wird der TA in der dritten Querspalte vervollständigt. Es ist wichtig, daß die Schüler diese Probleme des Stückes selbst

Act III	Scene 1 (p. 70–83)
setting { time place	An hour later. (Saturday) living room
activities	beginning: nothing happens at all. end: moving men arrive
characters	Beneatha Asagai Walter Ruth Mama Travis Lindner Walter – – – Mama Walter – Ruth – Travis Beneatha ∞ Asagai
contents	After a long discussion Asagai asks Beneatha to marry him. Walter, who had intended to sell the house, suddenly decides that they will move despite the problems that may arise

finden, die dann im Verlauf der weiteren Unterrichtseinheit besprochen werden.
Der Plan der Unterrichtseinheit wird nun vom Lehrer präsentiert und kurz begründet, Änderungswünsche von seiten der Schüler werden aufgenommen.

Erweiterungsmöglichkeiten / Alternativen:

- Alternative zum Song als Einstieg: persönliche Stellungnahme der Schüler zum Stück; erst als Abschluß der Stunde (als Kontrast) der Song.
- Diskussion des *vicious circle* kann vertieft werden.
- Durch Zusatzinformation und Bildmaterial kann ein Gesamtbild der Stadt Chicago vermittelt werden. Kritische Hinterfragung des Eindruckes, der den Touristen präsentiert wird.

Zum Inhalt der Stunden

Unterrichtsschritt 1:

In his song, Presley describes the life of a black child that is born in the Chicago Ghetto, grows up there, turns to crime and is finally shot. The very moment this young man dies another baby is born in the Ghetto. To be born in the ghetto means to be confronted with misery, ruin, death. Birth, usually associated with joy and happiness, here provokes feelings of despair and hopelessness, an impression which is supported by the circular structure.
A child's life is predestined: His parents cannot afford to give him/her a proper education, he is unable to obtain work, he grows up among criminals, he becomes a criminal himself (probably as a result of trying to find a way out); he is then sent to

prison, which further reduces his chances of finding a job, etc. – a vicious circle from which there is no escape.
It is very important, however, to realize that this way of looking at ghetto life is exaggerated and might even lead to false conclusions. Crime and violence are not the only negative consequences of ghetto life: probably just as important are self-hatred, resignation and attempts to escape into a dream-world (by means of drugs, alcohol). Moreover, the concept of a vicious circle might lead to the idea that neither individual effort nor political action can initiate any change and thus might have a dangerous, paralyzing effect.
Lorraine Hansberry is not so pessimistic about ghetto life. She depicts some negative consequences, but her characters are not struck with bitterness or despair; they dream of progress and even succeed in realizing some of their dreams. Although we witness quarrels and verbal aggression, we also find love, warmth and humour among them.

b) Atmosphere, living-conditions

The Younger family lives in a flat which is obviously too small for all five of them. The fact that there is only one window in the kitchen area evokes a dull and dreary atmosphere. The family does not seem to have the money to buy luxury items, as no superfluous objects can be seen on the stage. In comparison with the general standard of living in the U.S. they can be classed as being poor; however, they do not suffer from physical hunger like poor people in the developing countries; the Younger family has eggs for breakfast (11/23) and Walter can afford to smoke cigarettes (12/3). (Once more we become aware of the fact that poverty is a relative term!)

Unterrichtsschritt 2 + 3:

(Cf. Arbeitsblatt p. 13–15)

3. Stunde: The play on stage

Didaktische Vorbemerkung

Nachdem sich die Schüler bisher fast ausschließlich als *Leser* mit der inhaltlichen Seite des Dramas befaßt haben, sollen sie nun Überlegungen zur Inszenierung des Stückes anstellen. Sie sollen erkennen, welche Interpretationshilfen und -vorgaben der Autor eines Dramas im allgemeinen und Hansberry im besonderen dem Leser an die Hand gibt, und welche Interpretationshilfen bei einer Aufführung des Textes möglich sind. Dabei sollen die Schüler die Rolle des Regisseurs als Vermittler zwischen Text und Zuschauer reflektieren und sich darüber Gedanken machen, welcher Spielraum dem Regisseur bleibt.
Auffallend an Hansberrys Drama ist die sehr detaillierte, fast naturalistische Figuren- und Milieubeschreibung, die die Handlung in eine ganz bestimmte Zeit und einen ganz bestimmten Raum einbettet. Um dies den Schülern klar vor Augen zu führen, wird der Anfang mit dem von Becketts *Waiting for Godot* (vgl. S. 18) kontrastiert. Wenn zudem die Wohnbedingungen der Familie Younger an der Tafel visualisiert und auch autobiographische Züge der Situierung des Stückes aufgezeigt werden, erhält die spätere Analyse der Figuren und Themen einen konkreten Bezugsrahmen.

Verlaufsskizze

Unterrichtsschritt 1:
Literary devices – scenic presentation

Zunächst besteht die Aufgabe der Schüler darin, nach den Mitteln zu suchen, die Hansberry als Autorin einsetzt, um Figuren und Milieu zu beschreiben und festzulegen. (Information in der Einleitung, Bühnenanweisungen, Dialoge, Titel, Gedicht.)
Dem wird nun die Umsetzung dieser sprachlichen Hinweise in die Bühnenrealität gegenübergestellt: Zu den Elementen, die für den Zuschauer die Welt lebendig werden lassen, zählen die Ausstattung der Bühne, Lichteffekte und Geräuschkulisse, Äußeres/Auftreten der Charaktere. Die Ergebnisse des Unterrichtsgesprächs werden an der Tafel festgehalten (TA linke und rechte Spalte); die Diskussion über den Freiraum des Regisseurs (mittlere Spalte des TA) ist erst für das Ende der Stunde im Unterrichtsschritt 4 vorgesehen.

Unterrichtsschritt 2+3:
The beginning of a Beckett-drama compared with Hansberry's beginning

Um zu zeigen, wie realistisch und konventionell aufgebaut *A Raisin in the Sun* ist, wird als Kontrast auf Folie der Anfang eines Beckett-Dramas *(Waiting for Godot)* eingeblendet. Die Schüler werden aufgefordert, ihre Beobachtungen dazu zu formulieren. Dagegen wird Hansberrys Anfang gestellt; die Schüler lesen dazu kurz das Verzeichnis der Charaktere S. 9 durch.
Um den Schülern bewußt zu machen, daß das Drama autobiographische Elemente enthält, können die Schüler in einem Arbeitsauftrag aufgefordert werden, stichwortartig die wichtigsten Punkte von Hansberrys Lebenslauf (S. 5) herauszuschreiben. Die sich anschließende Frage, warum gerade Chicago South Side als Ort gewählt wurde, bringt dann die autobiographischen Elemente und ihre Wirkung zur Sprache.

Unterrichtsschritt 4:
Detailed analysis of the stage directions

Als Überleitung verweist der Lehrer nochmals kurz auf den realistischen Rahmen des Stückes. Im folgenden wird dann genauer untersucht, welche Information in den Regieanweisungen gegeben wird, um diese realistische Kulisse zu schaffen.
Zunächst sollen die Schüler nach der ersten Regieanweisung ganz konkret die Gegenstände skizzieren, die auf der Bühne zu *sehen* sind. (Ein Schüler hält es an der Tafel fest.)
Danach sollen die Schüler aus der Erinnerung aufzählen, welche Information mit dem *Gehör* aufgenommen wird. Hier ist es wichtig, ausführlicher auf die Art der Musik einzugehen (Blues), da sie die Funktion hat, das Milieu zu unterstreichen. Falls die Schüler sich nicht mehr daran erinnern sollten, um welche Art von Musik es sich handelt, wird ihnen kurz die Gelegenheit gegeben, die Regieanweisung S. 28/1–8 durchzulesen. Mit der anschließenden Frage, warum die Autorin gerade den Blues gewählt hat, sollen die Schüler auf die Leitfunktion hingewiesen werden. Zur Erläuterung bringt der Lehrer eine kurze Zusatzinformation über diese Art von Musik. (Das wäre auch als Schülerreferat möglich.)

Unterrichtsschritt 5:
Evaluation of the director's role

Den Abschluß dieser Stunde bilden Überlegungen zum Freiraum des Regisseurs, seine Interpretation des Stückes mit einzu-

Folie zur 3. Stunde

Act one Characters: Estragon, Vladimir, Lucky, Pozzo, a boy.	1st page
A country road. A tree. Evening. Estragon, sitting on a low mound, ist trying to take off his boot. He pulls at it with both hands, panting. He gives up, exhausted, rests, tries again. As before. Enter Vladimir.	1st stage direction

bringen. Es wird offensichtlich, daß Hansberrys Drama durch seine ausführlichen Anweisungen dem Regisseur in dieser Hinsicht nur wenig Freiheit bietet. Der TA wird dabei ergänzt.

Erweiterungsmöglichkeiten:

- Dramentheorie kann noch ausgebaut werden; die spezifischen Eigenarten dieser Gattung werden ausführlicher erläutert.
- Schülergruppen studieren bestimmte Ausschnitte des Dramas ein und tragen sie vor. Anschließende Diskussion der jeweiligen Interpretation.

Zum Inhalt der Stunde

Unterrichtsschritte 1 + 4:

So far the analysis of L. Hansberry's drama has been based on the interpretation of the *literary text,* i.e. the main text (dialogue/monologue) and secondary text (stage directions). Moreover, the *text* has been analyzed to gather from it the author's intention. From the information given in the *text* some "direct communication" is established between author and reader; the reader is asked to evaluate the fictitious reality created by the author's words. To this end, the message is passed on to the reader by a number of direct instructions concerning the characters (by the introductory page, by the dialogue) as well as by the setting (i.e. in the stage directions). The author's ideas of *his* world can easily be conveyed to the reader. Parallel to this, the text contains a number of hidden pieces of information that have to be decoded by the reader in order to get the author's complete message. This is the case with the title of the drama, and with Langston Hughes' poem 'Harlem' (→ lesson 14).

Any performance on stage, however, will interrupt this direct communication between the author and the reader/spectator. The audience which becomes an eye-witness to the stage reality is supposed to judge the play from the events on stage. The actors have to mediate between the author and the audience and to interpret the text according to the director's instructions. His task, therefore, is to collect all the information, evaluate it and transform it into "reality on stage" as intended by the author. This will cause no problems if detailed instructions have been given by the author – e. g. descriptions of the characters' outward appearance, their way of moving, acting, talking, and also instructions concerning the use of lighting effects, background music and sound. But apart from these more or less objective criteria (the realization of which reflect the author's ideas directly) the spectator is influenced by the director's subjective interpretation of the author's "coded" message (i. e. the title, the poem); it will affect the actor's way of presenting the text.

Thus the spectator has to be aware that any performance on stage is a subjective rather than an objective presentation of the author's ideas – filtered and canalized by the director (even if the margin for the latter's personal interpretation is relatively narrow in a play like Hansberry's).

Unterrichtsschritt 2+3:

Beckett's drama, like Hansberry's, starts with a presentation of the characters and a description of the place; but in spite of the formal coincidence the introductory passages differ considerably. Beckett confines himself to mentioning the characters' names and giving a vague description of the place. The characters appear to be isolated beings living in a somewhat sterile world. Beckett tries to reduce everything to the very essence.

In contrast, Lorraine Hansberry's characters are individuals: the reader knows what they look like, their age and their relationships to each other. Moreover, the author's choice of time and place (sometime between World War II and the present in Chicago Southside) proves her intention to imitate reality. The reader is confronted with a realistic play that has been conventionally structured.

The reality on stage certainly reflects a number of real experiences in Hansberry's life: for she is a black author who was born in Chicago in 1930. Her parents who were wealthy could afford to move into a rich, but white, area – a fact which caused problems with the white neighbourhood and left a lasting impression on her. After being educated in ghetto schools she studied arts, had several jobs and then turned to writing (journalism and play writing). She married Robert Nemiroff, a writer and composer; in 1965 she died of cancer. *A Raisin in the Sun* is, therefore, a mixture of fact and fiction, with the author's experiences being transformed into fiction. The audience, therefore, is prepared to be confronted with a play that is no mere product of phantasy, but that expresses problems of everyday life. The spectator is willing to identify with the reality on stage, which, as a consequence, might encourage the discussion of the problem and contribute to its solution.

Unterrichtsschritt 4:

In addition to the realistic place (described in the stage directions), activities and elements of daily life (which relate to reality) can be observed on stage: ironing, house-cleaning, the sound of the alarm clock, music from the radio. Strikingly enough, it is blues, typical black music, that the family listens to.

The origin of the blues lies in the highly rhythmical songs that were more or less shouted by black slaves during their work ("work songs"). Their rhythm accompanied the usually monotonous occupations and helped the slaves to endure the hardships of the work. The songs combined traditional African elements with Western ones, picked up during the period of slavery.

Later on, the form of the blues changed as its function changed. The blues, originally meant

to accompany work, became an integral part of the blacks' spare time, as music sung for pleasure.
Today newer forms of blues are still to be considered as an important element of the Afro-American tradition. (Cf. Topical Texts 9, *Blues, Jazz and the Negro*, Klett, p. 57)

Alongside these acoustic signals, the spectator is also guided by the use of lighting effects. They reflect the state of affairs and give important indications of what is going to follow (e. g. at the beginning the 'gloomy' light expresses the depression and frustration of the family.) The spectator feels the atmosphere before the characters start to speak.
Therefore, the additional information given in the stage-directions reflects and thus anticipates the situation at the very beginning of the play, and indicates what is going to happen. In this respect the stage directions guide the spectator; they convey further information to the spectator – even if he is not aware of it.

4. Stunde: Characters: Ruth / Walter

Didaktische Vorbemerkung

Nach der inhaltlichen Aufarbeitung des Stückes in den vorhergehenden Stunden liegt der Schwerpunkt dieser (und der folgenden) Stunde auf einer umfassenden Charakteranalyse der Hauptpersonen.
Da Ruth und Walter (mit Travis) das Geschehen auf der Bühne eröffnen, steht eine Charakterisierung dieser Figuren am Anfang.
Als Einstieg dient eine Zeichnung eines Paares, das in offensichtlicher Harmonie miteinander verbunden ist. Der Schüler, der sich durch die Hausaufgabe bereits ein Bild von der Beziehung zwischen Ruth und Walter gemacht hat, wird dadurch gezwungen, sich anhand des vorgegebenen Kontrastes das Typische der Beziehung zwischen den beiden zu vergegenwärtigen und es zu versprachlichen. Im folgenden zeigt eine erste Beschreibung die beiden unterschiedlichen Persönlichkeiten. Die unterschiedlichen Reaktionen auf die für beide unbefriedigende Situation (Ruth: Resignation, Apathie; Walter: Aggressivität, Rückzug in eine Traumwelt) macht gleichzeitig deutlich, daß das Getto nicht nur Verbrecher hervorbringt (wie es im Song angedeutet wurde), sondern auch „normale" Menschen. Hier bietet sich ein Exkurs über Gewaltanwendung im innerfamiliären Bereich an, der mit einigen statistischen Daten Einblick in mögliche Reaktionen (brutale Gewaltanwendung) vermittelt.
Nach der ersten Charakterisierung werden nun weitere Textstellen analysiert, die die Reaktion der beiden Personen auf entscheidende Ereignisse im Drama herausgreifen. Die Schüler erkennen so, daß erst durch die Auswertung möglichst vieler Einzeleindrücke ein „umfassendes" Charakterbild entstehen kann.
Wie die Auswertung der Textstellen zeigt, besteht – so unterschiedlich die beiden Personen auch sind – eine Abhängigkeit des Verhaltens und der zwischenmenschlichen Beziehungen von den äußeren Lebensumständen. Die finanziellen Sorgen, die das Leben der Familie Younger belasten, lassen bei Ruth und Walter Apathie und Pessimismus aufkommen. Schon die Aussicht auf Verbesserung bewirkt einen Stimmungsumschwung – Enthusiasmus und Übermut lassen sich beobachten. Der Verlust des Geldes bringt zunächst wiederum einen Rückfall in den anfänglichen Pessimismus, der jedoch bei beiden Personen einer zuversichtlicheren Lebenseinstellung Platz macht.

Zusatzmaterial zur 4. Stunde

Verlaufsskizze

Voraussetzungen

Als Hausaufgabe haben die Schüler den Text S. 17–27 vorbereitet und schriftlich die Beziehung zwischen Ruth und Walter charakterisiert.

Unterrichtsschritt 1:
Relationship between Ruth and Walter

Als Einstieg zeigt der Lehrer auf Folie eine Zeichnung (vgl. S. 21), die den Ausgangspunkt für eine Aufarbeitung der generellen Situation/Beziehung in einem Unterrichtsgespräch bildet. Die Schüler sollen kurz begründen, ob/warum nicht diese Zeichnung die Beziehung zwischen Ruth und Walter widerspiegelt. Dabei wird gleichzeitig die HA überprüft.

In einem weiteren Schritt wird die Passage S. 14/30–16/32 gemeinsam mit verteilten Rollen gelesen. (Erstes Auftreten von Ruth und Walter, Charakterisierung, Beschreibung der Lebensumstände, ihrer Enttäuschung vom Leben und, als Reaktion darauf, ihrer Träume.)
Dann wird das Arbeitsblatt (vgl. Stundenblatt) ausgegeben, dessen Ziel es ist, eine umfassende Charakterisierung von Ruth und Walter zu erstellen und gleichzeitig den Einfluß nachzuweisen, den die jeweiligen Lebensumstände und Aussichten auf das Verhalten der Personen haben. Dabei wurden vier verschiedene Situationen herausgegriffen: Ihr Verhalten kurze Zeit nach dem Eintreffen des Geldes, dann ihre Reaktion auf die Nachricht vom Verlust des Geldes, und schließlich einige Zeit später, nachdem sie Zeit hatten, sich mit der veränderten Situation auseinanderzusetzen.
Zunächst werden die Informationen aus der eben gelesenen Textstelle mündlich gesammelt, so daß Aussehen und wesentliche Charakterzüge der beiden, wie sie zu Beginn präsentiert werden, bekannt sind. (Frage 1 des Arbeitsblattes.) Dieser erste Teil soll gemeinsam mündlich gelöst werden, um den Schülern eine Vorstellung von Art und Umfang der Aufgabe zu vermitteln, die sie im folgenden Unterrichtsschritt selbständig in Angriff nehmen sollen. Zudem wird so die umfangreiche Aufgabe in ihrer Durchführung beschleunigt.
Wichtig und hilfreich für den Schlußteil der Stunde wäre es, die Aufmerksamkeit der Schüler darauf zu lenken, daß nicht nur Streit und Depression die Atmosphäre beherrschen.
In einem kurzen Lehrervortrag können den Schülern an dieser Stelle zusätzlich einige statistische Daten über innerfamiliäre Gewalt vorgetragen werden. (→ Inhalt der Stunde.)

Unterrichtsschritt 2:
Influence of the financial situation on the characters

Nun sollen die Schüler das Arbeitsblatt (Frage 2–4) selbständig schriftlich weiter bearbeiten. Dazu werden die Schüler aufgefordert, die Stimmung der beiden Personen in den aufgeführten entscheidenden Momenten zu beschreiben: Die Leitfrage dieser Arbeitsphase wird an der Tafel fixiert: *What do these passages reveal about their state of mind?*
Art und Umfang der Antworten ergeben sich aus der gemeinsamen Besprechung der 1. Frage.
Die Auswertung der Stillarbeit erfolgt dann unter einer anderen Fragestellung: Es soll nun verfolgt werden, inwieweit die jeweilige finanzielle Situation die Stimmungslage beeinflußt. Die Antwort darauf ergibt sich aus den Stichworten der Schüler auf dem Arbeitsblatt. Im TA wird also festgehalten, daß die Stimmung auf die Lebensumstände zurückzuführen ist – bei finanziell positiver Lage herrscht Optimismus, bei finanzieller Einbuße Pessimismus vor.
Es wurde bewußt darauf verzichtet, die einzelnen Fakten, die die Schüler sich stichwortartig notiert haben, abzurufen. Die Schüler sollen zeigen, daß sie ihre Ergebnisse unter einer anderen Fragestellung weiter auswerten und anbringen können – ein Vorgang, der eine höhere Denk- und Abstraktionsleistung erfordert. (Sollte es sich jedoch um eine Klasse handeln, die darauf besteht, daß die Stichworte vorgetragen werden, kann das natürlich jederzeit geschehen.)
Während des Arbeitsauftrages hat der Lehrer genügend Zeit, das Grundgerüst des TA für Ruth und Walter an die Tafel zu bringen: ein Koordinatensystem, bei dem die vier ausgewählten Situationen als unabhängige Größen fungieren, die „Stimmung" die Funktion der abhängigen Größe übernimmt.
Die Frage nach dem Verhältnis zum Sohn Travis ergänzt das Charakterbild der beiden und schließt damit den Unterrichtsschritt ab; sie illustriert noch einmal die unterschiedlichen Persönlichkeiten Walters und Ruths und zeigt anschaulich, wie die finanzielle Lage auch die persönlichen Beziehungen der Familienmitglieder untereinander bestimmt.

Unterrichtsschritt 3:
Critical evaluation of the family atmosphere

Zum Abschluß kann noch kurz ein Zitat auf Folie eingegeben werden.

"The psychological effects of poverty and bad housing on children can be more far-reaching than the pyhsical effects ... (Later) They marry, but remain psychological poor and deprived. They are unable to bring up their children with any understanding. They may even be unable to love and be brutal with their families." (Aus: Poverty in Britain, Hg. R. Musmann, Schöningh, S. 21)

Es dient dazu, die Ergebnisse der bisherigen Stunde für die Schüler zu relativieren. Zwar mag die Familienatmosphäre bei den Youngers einigermaßen gespannt sein, aber letzten Endes ist der Umgang der Personen miteinander von Liebe, Wärme und Verständnis geprägt ist – trotz aller Schwächen, die die einzelnen zeigen.

Erweiterungsmöglichkeiten:

- Betrachtungen weiterer Beispiele von Ehestreitigkeiten/-„glück" (z. B. "Who's Afraid of Virginia Woolf" E. Albee, auszugsweise abgedruckt in *Life, Language, Literature,* Klett-Verlag, S. 38–40.)

Zum Inhalt der Stunde

Unterrichtsschritt 1:

From the very beginning of the drama the spectator/reader is aware of Ruth's apathy and Walter's restlessness, which are both due to their frustration at their situation. Their depressing financial situation seems to have suffocated love and willingness to talk with each other; they quarrel a lot and even try to hurt each other with their words (17/4, Ruth). Walter accuses his wife of not supporting him and not "building him up" (17/2), whereas Ruth cannot stand listening to Walter's unrealistic plans any longer. When she mentions that she would rather "be living in Buckingham Palace" (16/32), it becomes obvious how futile his plans seem to her. In addition to this verbal aggression on both sides (especially on Walter's, 16/12–17) as one means of reacting to their "unpromising" situation, another possibility can be discerned – Walter's attempt to escape by clinging to his dream of a better future, waiting for his chance to come (16/2: liquor store). He has made himself believe that, if only he had the money to realize his plans, he would become rich.
Verbal aggression and flight from reality by dreaming are moderate ways of reacting to frustration, but they are not the only possible ones. Drugs, alcohol, crime, violence have become just too familiar not only to people who grow up in the slums, but also to affluent families.

A sample from a survey (America, 1976) proves that there are many forms of family violence:
16 out of every 100 couples have violent confrontations of one sort or another during the course of the year.
In six of these cases there is severe kicking, biting, punching or hitting with objects. Almost four of every 100 wives are seriously beaten by their husbands.
Three of every 100 children are kicked, bitten or punched by their parents.
More than a third of all brothers and sisters severely attack each other.
→ As expected, the incidence of violence is highest among the urban poor, blue collar workers, people under 30 or without religious affiliations, families with a husband who is unemployed and those with four to six children.
But the study also showed that violence occurs among affluent families as well.

Unterrichtsschritt 2:

Any attempt to give an overall-characterization of Ruth and Walter must not be limited to an analysis of the introductory lines, which mainly give a brief description of their outward appearance. In addition, the character's ways of talking, acting and feeling have to be taken into consideration – an analysis of these will be most useful at any moment of extreme emotion. Such moments occur with the arrival and the loss of the money. It influences Ruth's and Walter's behaviour and their interrelationship.
Whenever their dreams of a better life seem likely to be realized, they are happy and confident, their emotions are no longer suppressed, and love and harmony come to the fore (55–56). The very moment this dream is shattered their mood falls to its lowest ebb; they are seized by despair and hopelessness. Ruth and Walter, however, differ in their way of coping with the situation. Walter, who from the beginning is presented as the more impulsive character, is also more deeply affected and distressed about the loss of the money – but on the other hand his happiness lasts longer and seems to be more intensive than Ruth's. Ruth, as the equable character, again tries to accept any new situation and to make the best of it.

What effect does their difficult situation have on their relationship to Travis? Ruth, like most mothers, scolds her son for his "slubbornness", is worried about his outward appearance, which makes him sullen and indignant (13/7–18). By the way she teases him we realize that she does not take that too seriously. She loves her son, but she is not willing to give him extra money for school.
Walter, on the other hand, does not want to admit to his son that they cannot afford it (for him that would mean conceding that he is a "failure"), and, therefore, he generously gives Travis the money. [In addition to this, Walter's bad conscience does not allow him to talk with his son. It is only when he has become the head of the family, and can realize his dream with the rest of the money, that he makes an attempt to talk with him about his dreams and future (53/7)].
The parents' relationship to Travis adds another difficulty to the relationship between husband and wife: Walter sometimes "works" against his wife, putting her in the position of appearing to be a "hard-hearted" woman [e.g. by giving the money to Travis, by allowing him to carry groceries in the evening, which Ruth had forbidden only a minute ago (14/5ff.)]. Travis, a clever boy, can play off his parents against each other. But although money plays an important part in his life, he seems to be a happy and "normal" schoolboy whose dream is to become a bus driver, and who knows that he is loved by his parents.

Unterrichtsschritt 3:

The idea of a brutal husband and father (as suggested by the quotation on p. 22), unable to understand his children or to love his family, simply does not fit in with either Walter's behaviour or with that of the rest of the family. Mama's remark that "there is always something left to love" (79/13) may serve as an example to illustrate this. Lorraine Hansberry's characters are provided with love and humour, even if quarrels, roughness and aggression come to the fore at times.

5. Stunde: Characters: Beneatha / Mama

Didaktische Vorbemerkung

Mit der Charakterisierung von Beneatha und Mama, mit dem Gegensatz zwischen der Intellektuellen und der einfachen Frau, wird die Betrachtung der einzelnen Personen auf der psychologischen Ebene abgeschlossen. Standen bisher hauptsächlich innerfamiliäre Probleme im Mittelpunkt der Untersuchungen, so werden nun allmählich Probleme miteinbezogen, die sich aus der Konfrontation mit der Umwelt ergeben.

Am Anfang der Stunde steht diesmal eine Äußerung Walters, der seiner Schwester Egoismus vorwirft. Damit wird die Absicht verbunden, den Schülern zu zeigen, daß neben direkten Angaben zur Person, die vom Autor expressis verbis in den Regieanweisungen gegeben werden, auch Aussagen der einzelnen Personen über sich selbst und andere von großer Bedeutung sind. Diese Erkenntnis spiegelt sich auch in der anschließenden Betrachtung von Beneathas Freunden, die ja gerade durch ihre gegensätzlichen Persönlichkeiten konkret den Zwiespalt verkörpern, in dem sie sich befindet: Auf der einen Seite ihr Idealismus und ihre Verachtung, die sie dem materiellen Denken der Familie entgegenbringt, (→ Freundschaft mit

Asagai), auf der anderen Seite ihr Streben nach Selbstverwirklichung, das sie nur durch die finanzielle Unterstützung der Familie verwirklichen kann (→ Freundschaft mit George Murchison). Ihre Entscheidung, George Murchison aufzugeben und sich ausschließlich Asagai zuzuwenden, bedeutet damit auch die Beseitigung des Dilemmas. So lassen sich auch hier aus dem Verhalten Rückschlüsse auf den Charakter ziehen.
Mama, die dominierende Persönlichkeit der Familie Younger, wird den Zuschauern als letztes Familienmitglied vorgestellt. Wichtige Information über ihr Leben und ihre Einstellung zu ihrem Schicksal bietet vor allem das Gespräch mit Ruth (S. 21–23), in dem sie selbst wichtige Stationen ihres Lebens anspricht und in dem ihre Liebe zu ihren Kindern sowie ihre Träume ganz deutlich zum Ausdruck kommen. Neben dieser direkten Information wird von L. Hansberry jedoch noch ein weiteres Mittel eingesetzt, verschlüsselt Mamas Gedanken weiterzugeben: das Symbol der Pflanze. Die Schüler erkennen daran, daß durch Symbole unabhängig vom Kommunikationsmittel Sprache Botschaften übermittelt werden können. In Mamas Fall ist die Verwendung des Symbols sogar fast eine Notwendigkeit, da Mama mit ihrem relativ einfachen Gemüt und ihrer Erziehung gar nicht gelernt hat, sich der Sprache als eines Mittels, ihre Gefühle auszudrücken, zu bedienen.
Zwei weitere Textstellen geben zusätzlich Aufschluß über Mamas Persönlichkeit: 75/15–76/3, als deutlich wird, daß sie ihr Vorhaben, in das neue Haus umzuziehen, aufgegeben hat, und 83/11–17, als sie wehmütig Abschied von ihrem bisherigen Zuhause nimmt. Es stellt sich die Frage, ob ihre ursprüngliche Kraft sie verlassen hat oder ob es nur Ausdruck einer vorübergehenden Wehmut ist, die sie in diesem Moment ergreift.

Mit der Wahl der beiden Textstellen, die einander gegenübergestellt werden, werden zwei Ziele angestrebt: zum einen sollen die Schüler sich in der Interpretation üben; zum anderen sollte deutlich werden, aufgrund des zweiten Beispiels, daß unterschiedliche Deutungen möglich sind. Es sollte den Schüler davor warnen, *eine einzige* Deutung als unumstößliche Wahrheit anzusehen und seine Bereitschaft erhöhen, auch anderslautende Auffassungen gelten zu lassen.
In der abschließenden Diskussion sollen die Schüler die Folgen und Auswirkungen zusammenfassen, die sich bei der Familie Younger aus ihrer finanziellen Lage ergeben und beobachten lassen.
Dann kann die Behauptung, es gebe einen *vicious circle*, in Frage gestellt werden. Die abschließende Diskussion bietet Schülern und Lehrern die Gelegenheit der Lernerfolgskontrolle. Die Schüler können ihr Wissen, das sie in den letzten Stunden erworben haben, einbringen und kritisch beurteilen.

Verlaufsskizze

Voraussetzungen

Die Schüler haben den Text S. 17–27 vorbereitet und schriftlich die Beziehung zwischen Walter und Beneatha charakterisiert.

Unterrichtsschritt 1: Characterization of Beneatha

Eine Äußerung Walters kann vom Lehrer entweder auf Folie präsentiert oder zitiert werden (bei geschlossenen Büchern), in der er Beneatha Egoismus vorwirft: *Me and Ruth done made some sacrifices for you – why can't you do something for the family?* Die Schüler sollen die Textstelle in

den Kontext einordnen und kommentieren können. (Damit ist gleichzeitig eine Kontrolle der Hausaufgabe gegeben.) Die Kenntnis des Inhalts von S. 17–27 (Hausaufgabe) dient als Grundlage für den ersten Unterrichtsschritt – eine umfassende Charakterisierung von Beneatha im fragend-entwickelnden Verfahren. Der Lehrer kann als Einstieg eine relativ weit gefaßte Frage vorgeben, die weiter differenziert wird, falls die Schüler nicht von sich aus alle wichtigen Punkte ansprechen. (→ ausgehend vom Aussehen kann dann auf ihre Ideen, ihre Stellung innerhalb der Familie, auf eine mögliche Beziehung zwischen ihrem Namen und ihrem Charakter, auf ihre Freunde eingegangen werden.)
Hier sollte unbedingt auch Beneathas Dilemma zur Sprache kommen (→ Verachtung für materielle Werte – Abhängigkeit vom Geld), das sich ja auch in der Wahl ihrer Freunde äußert. Eine erste oberflächliche Charakterisierung von Murchison und Asagai (auf den ja in den folgenden Stunden noch ausführlicher eingegangen wird) sollten die Schüler aus der Erinnerung liefern können. Die ziemlich offene Frage, warum die Freunde wichtig sind für eine Analyse von Beneatha, kann bei Bedarf wieder durch engere Fragen erläutert werden (etwa: *Why does her decision in favour of Asagai tell us more about her character? What does George mean to her? Why does she feel attached to Asagai?* etc.).
Dann wird mit der abschließenden Frage, wie die Familie auf Beneathas Entscheidung für Asagai reagiert, die Überleitung zum Unterrichtsschritt 2 geschaffen: der Charakterisierung von Mama.

Unterrichtsschritt 2:
Characterization of Mama

In einem gelenkten Unterrichtsgespräch werden charakteristische Eigenschaften von Mama gesammelt, wobei dieses Mal zunächst nach einem für sie untypischen Verhalten gefragt wird: sie schlägt Beneatha und scheint ihre Kinder nicht mehr zu verstehen (27/20–24).
Weitere entscheidende Charakterzüge werden dem Gespräch zwischen Ruth und Mama entnommen, das sich unmittelbar an ihre Entscheidung über die Verwendung des Geldes anschließt (22/28–23/31).
Nach einem Verweis auf die Textstelle (ebenfalls Teil der HA), die die Schüler nochmals kurz überfliegen können (bei Bedarf auch gemeinsame Lektüre unter einer Leitfrage), sollen ihre Einstellung zum Leben, ihr Traum und dessen Verwirklichung vor dem Eintreffen des Geldes beschrieben werden.
Der bisherigen mündlichen Erarbeitung schließt sich ein schriftlicher Arbeitsauftrag an, der den Symbolcharakter von Mamas Pflanze verdeutlicht. Die Schüler erhalten ein Arbeitsblatt mit vier Textstellen (vgl. S. 29), in denen Mama durch ihre liebevolle Beschäftigung mit der Pflanze indirekt auf eine Parallele zwischen ihrer Familie und dieser Pflanze hinweist. (20/6–11; 27/20–35; 63/7–13; 75/16–22). Die Schüler sollen in knapper Form die einzelnen Stellen interpretieren, indem sie sich zu jeder Stelle unter Berücksichtigung der gestellten Frage nach der jeweiligen Bedeutung der Pflanze für Mama Notizen machen. Hier läßt sich Gruppenarbeit (auch arbeitsteilig) gut durchführen. Die Ergebnisse werden im TA festgehalten; eine weitere Auswertung wird durch die Zusatzfrage nach Gemeinsamkeiten zwischen Pflanze und Kindern erzielt, so daß schließlich die Folge-

rung gezogen werden kann, daß die Pflanze als Symbol alles verkörpert, was je wichtig für Mama war. Das wird ebenfalls im TA festgehalten.
Dann werden zwei Textstellen gemeinsam gelesen und zur Diskussion gestellt, die Mamas Einstellung zum Leben am Ende des Stücks aufgreifen (75/15–76/3; 83/11–17). Dabei stellt sich die Frage, ob ihr Verhalten weiterhin von Kraft und Zuversicht beherrscht ist, oder ob sie angesichts der Schwierigkeiten mutlos geworden ist. Von seiten der Schüler soll dazu der Versuch einer einleuchtenden Interpretation gemacht werden.

Unterrichtsschritt 3:
Evaluation of lessons 1–5

In der abschließenden offenen Diskussion sollen sich die Schüler ihre bisher gewonnenen Einsichten vergegenwärtigen; die erste Sequenz der Unterrichtseinheit wird damit abgeschlossen. Im Gegensatz zum theoretischen Einstieg der ersten Stunde wird vom Lehrer nun ganz konkret die Frage nach den Folgen des Lebens im Getto für die im Stück dargestellte Familie Younger gestellt. Dabei kann gegebenenfalls auf Folie auf die Theorie des *vicious circle* zurückgegriffen werden bzw. der Elvis-Presley-Song nochmals eingesetzt werden.

Erweiterungsmöglichkeiten:

- weitere Berichte aus dem Getto-Milieu (z. B. über Henry Moore: “The Artist’s Home” by H. Read, in *English Working Class Youth,* ed. H. Husemann, Schöningh 1977)
- Zusatztexte zum Thema Armut (z. B. aus *Poverty in Britain,* ed. R. Musman, Schöningh 1978)
- Diskussion des Generationenkonflikts, dessen Ursachen und Auswirkungen

Zum Inhalt der Stunde

Unterrichtsschritt 1:

Beneatha is presented as a young woman of about twenty; like her brother Walter she is slim and intense, but she has got an additional quality – her “intellectual” face and her educated speech, which set her apart from the rest of the family.
She is quarrelsome and impulsive (like her brother), her answers are sharp and impatient (17/29, sharpness, impatience; 18/11 bangs on the door, 24/24 speaks with enthusiasm, etc.). Beneatha studies at a medical school because she wants to become a doctor – and, therefore, has to be financed by the family, a fact that causes trouble within the family, especially with Walter. He reproaches Beneatha for her selfishness (18/30–31), for taking the money for granted and not doing the slightest bit of work for it. On top of that, however, there may be another reason why Walter reproaches her – his envy of Beneatha who will succeed in leaving the ghetto by her own effort.
In a way Beneatha despises her family who think of prosaic things, such as money, house-cleaning, marriage (18/16ff., 24/3ff.), whereas she has got idealistic ideas about her profession (fix up the sick, ... truly being God 71/21ff.), is looking for her identity (31/6), as she herself calls it – and wants to “express herself” (25/13ff.). For this reason she tries out all sorts of activities (playing the guitar, tennis, horse-riding; 24/25), again without considering the fact that without her family’s money she could not realize these hobbies. Beneatha’s name might give rise to speculations: the author could have deliberately chosen a telling-name – her being “beneath” her family because of her selfishness. On the other hand, it

possibly refers to her age – as she is a few years younger than Walter, "beneath" Walter.

Beneatha pretends not to care about the use of Mama's money when everybody else seems to do so – but the very moment this money has been lost and her future happiness is in danger, her idealism and altruism (a characteristic feature of her personality so far) give way to sarcasm and pessimism.

Beneatha's dilemma – despising money, but being helpless without it – is reflected in her relationship to George Murchison and Joseph Asagai. On the one hand she goes out with George, a college student who is rich but shallow; on the other hand she feels attached to Joseph Asagai, a Nigerian intellectual who is an idealist. It does not take her long to recognize how shallow George is, and in the end she chooses Asagai and, as a consequence, immaterial values, against money and security.

Unterrichtsschritt 2:

Mama, a beautiful woman in her sixties, is the head of the family (at least at the beginning). Her faith and her strength, which probably results from her faith, have helped her to overcome many hardships in her life – amongst others the loss of a child and of her husband (22/28–23/31). As she belongs to a generation which had different ideas and values (they had to fight for freedom, 38/7) it is not easy for her to understand her children, who do not believe in God and consider money as being the most important thing in life (27/20–24). Nevertheless, she tries to understand them; she is described as a considerate and warmhearted mother and grandmother (20/25–27). She can become angry (slaps Beneatha across the face; 26/32), but this is not a reaction in the heat of the moment, but a well-considered measure (*studies* her daughter, rises *slowly*, and only then slaps her).

Life has been hard; her husband never succeeded in leaving the ghetto in spite of his hard work. But Mama has not become bitter; she has accepted life as it is and has always tried to make the best of everything for herself and even more so for her children, of whom she is very proud.

It has always been Mama's dream to leave the ghetto and to move with her family into a real home with a garden (23/4–5). As she is aware of the futility of her dream she has found a sort of substitute by keeping a feeble little plant in the flat, which – as a symbol – appears throughout the play, expressing various thoughts. She compares it to her children and their situation: like the plant they have never had enough sunshine, but their "spirit" has made them survive. However, if they do not get more sun, they will die.

In addition to this, the plant embodies her dream (of a garden and thus of a new life), and even herself. Finally, whenever she feels desperate her plant gives her strength. In short, the plant symbolizes everything that has ever been of importance to Mama.

It has to be interpreted as a kind of 'leitmotif' for the reader/spectator of the drama: As Mama has never learned to intellectually analyze and discuss her thoughts and feelings, an additional literary device has to be employed which helps to pass the information on to the reader/spectator – the symbol.

In the play Mama's optimism and her attempts to make the best of every situation are dominating from the moment she appears on stage up to the moment Bobo tells the bad news. Then, in the following scene, we are suddenly confronted with a woman whose "gait is overwhelmed by a sense of waste" (75/17–18), and who

Arbeitsblatt zur 5. Stunde

Why is Mama's plant so important to her?
What does it mean to her? (Find the answer by looking at these passages!)

1) *p. 20/6–11*
(She [Mama] crosses through the room, goes to the window, opens it, and brings in a feeble little plant growing doggedly in a small pot on the window sill. She feels the dirt and puts it back out.)
"My children and they tempers. Lord, if this little old plant don't get more sun than it's been getting it ain't never going to see spring again . . ."

2) *p. 27/28–35*
Mama: *(Looking at her plant and sprinkling a little water on it):*
"They spirited all right, my children. Got to admit they got spirit – Bennie and Walter. Like this little old plant that ain't never had enough sunshine or nothing – and look at it . . ."
Ruth: "You sure love that little old thing, don't you?"
Mama: "Well, I always wanted me a garden like I used to see sometimes at the back of the houses down home. This plant is close as I ever got to having one."

3) *p. 63/7–13*
Ben.: "Mama, what are you doing?"
Mama: "Fixing my plant so it won't get hurt none on the way . . ."
Ben.: "Mama, you going to take *that* to the new house? . . . That raggedy-looking old thing?"
Mama: "It expresses *me.*"

4) *p. 75/16–22*
(Mama is lost, vague, trying to catch hold, to make some sense of her former command of the world, but it still eludes her. A sense of waste overwhelms her gait; a measure of apology rides on her shoulders. She goes to her plant, which has remained on the table, looks at it, picks it up and takes it to the window sill and sits it outside, and she stands and looks at it a long moment. Then she closes the window, straightens her body with effort and turns around to her children.)

decides not to move but to stay (75/24ff.). Is Mama really willing to give up her dream or does she deliberately pretend to be too weak now, in order to "educate" Walter? In addition to this, in the final stage-directions, she is described as being sad and even desperate (83/15). Has Mama finally lost her strength? Has this process been initiated by her passing her position as head of the family on to Walter?
Answers to these questions can only be conjectures. Naturally she may have resigned herself to the situation, but her reaction may also be the expression of a momentary feeling of helplessness: She is about to leave the place where she spent so many years with her husband. Perhaps

the answer can be found by a look at her final activities: Mama organizes the family's moving, "sorts things out", and gives instructions (82/3–7), not like a woman whose spirit is broken. Such an interpretation would fit in with the optimism we have been confronted with so far in the drama.

Unterrichtsschritt 3:

The psychological effect of poverty can be disastrous, according to a new sheet by the French organization A.T.D. (Association Aide à toute Détresse): it might lead to depression, ill-health and despair, and the loss of all social contacts (p. 18/14ff. in *Poverty in Britain,* ed. Richard Musman). When looking at the Younger family, however, this negative effect is missing. It is true that they suffer, more or less, from their bad living-conditions and, as a result, quarrel a lot. But there is also love and hope: they do not feel that they are caught in a vicious circle from which there is no escape. In the end, the family's dream comes true – they succeed in leaving the ghetto. Lorraine Hansberry has shown that this is possible – if not in reality, at least in fiction...

6. Stunde: Money

Didaktische Vorbemerkung

Mit dieser Stunde beginnt der zweite Stundenkomplex, der sich mit übergreifenden Problemstellungen befaßt. Im Mittelpunkt der Betrachtung stehen nun nicht mehr die einzelnen Charaktere und ihr Verhältnis zueinander, sondern zentrale Themen des Stückes.

Wie in der Anfangsstunde angedeutet, gehört Geld zu den Grundproblemen der Familie Younger. Ein Überblick über die einzelnen Figuren bildet den Beginn der Untersuchung; die Schüler sollen definieren können, welche Rolle das Materielle in ihrem Wertsystem spielt. Hierfür bietet sich an, sich auf die Ankunft und den Verlust des Geldes als Kristallisationspunkt der verschiedenen Haltungen zu konzentrieren, wobei (aus Gründen der Abwechslung und weil die Verlustszene schon in die Analyse der Charaktere einbezogen wurde) nur die Szene der Ankunft (S. 34, 35) im Unterricht ganz gelesen und diskutiert wird.

Im zweiten Unterrichtsschritt setzen sich die Schüler genauer mit der Rolle des Geldes für Walter auseinander, der am stärksten ein materialistisches Denken verinnerlicht hat. Da sich dies nicht an einer einzelnen längeren Szene festmachen läßt, ist arbeitsteilige Gruppenarbeit ein geeigneter Weg, verschiedene Stellen mit wesentlichen Aussagen in die Interpretation einzubeziehen. Differenzierte Leitfragen für die einzelnen Gruppen sind nicht nötig, da die Stellen so gewählt wurden, daß eine für alle Gruppen gleiche, globale Fragestellung zu zufriedenstellenden Ergebnissen führt. Aus dieser Arbeit ergibt sich die Erkenntnis, daß Walter so verzweifelt versucht, zu Geld zu kommen, weil es in seinen Träumen sämtliche Türen zu einem glücklichen Leben öffnet, sei es im familiären, sei es im gesellschaftlichen Bereich.

Ein weiteres Lernziel dieser Stunde ist die Erfassung und Diskussion der im Stück aufgezeigten Alternativen zu Walters Materialismus. Eine Gegenposition stellt Mamas Wertsystem dar, eine andere Asagais Überzeugungen, die in einem längeren Gespräch mit Beneatha (S. 72ff.) sehr differenziert ausgeführt werden. Der Nigerianer versucht, seine Freundin von einem engagierten Kampf für Entkolonialisierung und Fortschritt in Afrika zu überzeugen, während sie selbst eine ähnlich idealistische Einstellung nur so lange hatte, als das Geld für ihre Ausbildung als Ärztin gesichert schien. Die Szene enthält recht komplexe Gedankengänge und sollte daher als Hausaufgabe mit Hilfe eines Arbeitsblattes (vgl. Stundenblatt) gezielt vorbereitet werden.

Verlaufsskizze

Voraussetzungen:

Als Hausaufgabe haben die Schüler zur Szene S. 70–73 ein Arbeitsblatt ausgefüllt, in dem Beneathas Entwicklung von einer idealistischen Medizinstudentin zu einer verbitterten Frau ohne Hoffnung und Initiative nachgezeichnet und Asagais Einstellung gegenübergestellt wird.

Unterrichtschritt 1:
The characters' position towards money

Nachdem in der zweiten Szene des ersten Aktes die Figur Asagai eingeführt wurde, spitzt sich die Handlung durch das Eintreffen des lange erwarteten Schecks zu. Die Bühnenanweisung 34/6–10 weist inhaltlich und durch die sprachliche Gestaltung auf das große Ereignis hin. Die Stelle kann als Einstieg vorgelesen werden, während die Bücher noch geschlossen bleiben. Die Schüler ordnen sie in das Stück ein und rufen sich so den Handlungsverlauf des Dramas ins Gedächtnis zurück (evtl. auf das Arbeitsblatt der 1./2. Stunde zurückgreifen). Durch diesen Einstieg kann der Lehrer auch überprüfen, ob das Stück sorgfältig gelesen wurde und bekannt ist, welche Informationen über den Scheck an anderer Stelle enthalten sind.
Den darauffolgenden Dialog, in dem das angekündigte Ereignis in dramatische Handlung umgesetzt wird, lesen die Schüler selbst mit verteilten Rollen (34/11–35/35). Im fragend-entwickelnden Verfahren werden anschließend die verschiedenen Reaktionen auf die Ankunft des Schecks untersucht, um die Bedeutung des Geldes für die einzelnen Figuren zu erfassen. Außerdem werden die sprachlichen Mittel herausgearbeitet, mit Hilfe derer die Aufregung der Figuren dargestellt und Spannung erzeugt wird.
Auch an den Reaktionen auf den Verlust des Geldes lassen sich die Einstellungen der Figuren ablesen. Wenn auf die Gestaltung der betreffenden Szene eingegangen wird (Bild des Todes), sollte der Lehrer auf die entsprechenden Stellen hinweisen und sie evtl. vorlesen lassen (66/3–5; 66/20–23; 67/8). Die Schüler werden aufgefordert, zu beschreiben und zu begründen, wie die einzelnen Figuren den Verlust des Geldes aufnehmen und wie sie im Laufe des Dramas damit fertigwerden. Wenn auf Beneatha eingegangen wird, sollten die beiden linken Spalten des als Hausaufgabe ausgefüllten Arbeitsblattes in das Unterrichtsgespräch einbezogen werden (ohne Tafelanschrieb).

Unterrichtsschritt 2:
The role of money for Walter

Da Walter derjenige ist, für den das Finanzielle die größte Rolle spielt, wird in arbeitsteiliger Gruppenarbeit detailliert herausgearbeitet, was das Geld für ihn bedeutet. Eine straffe Durchführung ist möglich, denn die ausgewählten Stellen (Gruppe A: 36/1–8 + 78/2–10; Gruppe B: 37/21–38/5; Gruppe C: 53/20–54/15) enthalten in knapper Form das Wesentliche und sind recht kurz. Bei der Integration der Ergebnisse sollte nicht eine Gruppe nach der anderen nach ihren Vorschlägen gefragt, sondern die Beteiligung aller dadurch gesichert werden, daß Fragen gestellt und die Beiträge an der Tafel gesammelt werden, wobei die Reihenfolge der Fixierung unwesentlich ist.

Unterrichtsschritt 3:
Possible alternatives to Walter's materialistic world view

In einem nächsten Schritt werden Walters Materialismus die im Stück angedeuteten Alternativen gegenübergestellt: Zunächst wird Mamas Wertsystem knapp umrissen, was durch die inzwischen erworbene Textkenntnis keine Schwierigkeiten bereiten dürfte. Vor allem aber wird die Einstellung Asagais herausgearbeitet, die er in dem als Hausaufgabe analysierten Gespräch mit Beneatha äußert (rechte Spalte des Arbeitsblattes).

Unterrichtsschritt 4:
Summary: Hansberry's intention

In einem offenen Unterrichtsgespräch sollen sich nun die Schüler dazu äußern, welche Haltung wohl die Autorin einnimmt. Dabei können Hansberrys Aussagen (Textausgabe S. 89 oben) herangezogen werden. Auch läßt sich die Frage diskutieren: Ist Walters Haltung moralisch zu verurteilen, oder ist er Opfer einer Gesellschaft, die Materielles überbewertet?

Erweiterungsmöglichkeiten:

- Text zu "Materialism in the U.S.A." einbeziehen, z. B. aus: Kurt Blohm und Heinz Röhr, The Changing Scene in Britain and the USA, Diesterweg, S. 148–49.
- Walters Verhalten in Verbindung bringen mit dem "American Dream" (dabei aber 14. Stunde beachten).

Zum Inhalt der Stunde

Unterrichtsschritt 1:

From the very beginning of the play, the family has been waiting for a cheque, the arrival of which is described in this scene. Walter is the person who mentions the cheque for the first time (11/18), and even the child's mind is occupied by it (12/18). The sum of $ 10000 (22/3,5; 34/17) is being paid by an insurance company after the death of Mama's husband Walter Lee (19/15–18: explanation; 22/31: name).
On stage, the decisive event is clearly marked by the sound of the bell and the sudden general silence. Great tension is built up by the fact that the money has not been mentioned as such for some time, but only referred to as "it" (34/12,15) or "this" (34/8), and by Mama's long delay before opening the letter. Short speech units, exclamations such as "Oh" (34/13), "Come on!", "Lord have mercy" (34/22) and the repetition of "open it" make the dialogue vivid and increase the tension.
Ruth and Travis are full of happiness and jubilance: "Travis bursts into the room" (34/18), "his face is radiant and he is breathless" (34/19). He virtually celebrates the moment when he hands over the envelope to Mama. Mama, however, soon initiates a change of atmosphere, at first not noticed by the others: She collects herself (34/14), then "stares" at the envelope (34/24,26), and when she has opened it, her "face sobers into a mask of unhappiness" (35/2,3). Perhaps this is because the money reminds her of her husband, who worked himself to death to create a better future for his children (cf. p. 23). Perhaps she also feels the burden of the responsibility she bears: she is the person who has to decide how to use the money, whether to destroy or to realize the different dreams, and after all the

discussions that have already taken place about this subject she may anticipate trouble and conflict. And finally she may be worried about the importance they all attach to this piece of paper, this sign of material wealth, instead of keeping in mind that love and affection within the family are of much greater value. Especially Walter's behaviour seems to justify her fears: he does not greet them (35/19,20), does not ask anybody's opinion about how to spend the money, but greedily grasps the cheque, counts off the zeros and egoistically tries to impose his own personal interests on Mama.

The loss of the money provokes a similar intensity of feeling, but of the other extreme. Dismay and despair are reflected in the characters' speech and movements, and the author goes as far as to associate the loss of the money with death. The image is made explicit in connection with Ruth (66/21; 67/8), but the whole atmosphere created in the stage directions is reminiscent of a morgue or an execution (cf. also "That money is made of my father's flesh." 68/15). The loss of the money can be compared to death not only on account of the characters' mood but also because it seems to represent the death of all their hopes for a better future as well as the death of love and confidence within the family. (After Mama has symbolically handed over her position as head of the family to Walter by giving him the entire sum left over after buying the house (p. 52), her son keeps Beneatha's part for himself, and thus his investment ruins her hopes, as well.) Furthermore it represents the final death of Mama's husband, who has lived on with them through the money and whose life was dedicated to creating the basis for his childrens' progress ("He was one man to love his children." 23/14; "I guess that's how come that man finally worked hisself to death like he done." 23/16,17).
A further analysis of the play highlights the different reactions of the characters to their downfall. Walter is the one who suffers the deepest crisis because his dream is completely destroyed as money absolutely dominates his value system. (It is only after his crisis that he recognizes the importance of other values and that he achieves a certain state of maturity, as after an initiation rite; 83/5). Ruth and Mama collect themselves earlier: their hope for a new home can still be fulfilled if they find the strength to face racial prejudice. As far as Beneatha is concerned, the loss also means at first an end to her future dreams, not only because she cannot afford medical school any longer but because she has lost faith, faith in her former aims and convictions, faith in the possibility of individual effort changing the world for the better, faith in human progress. Now it seems to her that curing a man's body is not worthwhile and has no influence whatsoever on the fate of man. She expresses her bitterness in a discussion with Asagai (p. 70–73), who confirms his positive world view opposed to her pessimistic one. At the end of the drama, however, the prospect of marrying Asagai and of accompanying him to Africa seems to have given her new courage (82/18).

Unterrichtsschritt 2 und 3:

Siehe Tafelanschrieb und ausgefülltes Arbeitsblatt.

Unterrichtsschritt 4:

Walter's predominant aim is his own individual progress and to a certain extent that of his family, especially of his son Travis, whereas Asagai has the altruistic intention of contributing to the progress of mankind. "I absolutely plead guilty to the charge of idealism." (p. 89, third paragraph) is Hansberry's own statement, and she exposes Asagai's ideas with vigour and reflection. Yet her play is at no point dogmatic and, therefore, she shows through Beneatha's "realism" how difficult it is to believe in the goodness of man and the possibility of furthering human progress in view of all the injustice, violence and crime in the world. And she creates understanding with Walter, although for a long time he measures happiness and progress only in terms of material wealth: the reader/spectator may derive from the play that Walter's conditions of living and perhaps the ideology of his environment are responsible for his belief in the God "Money". The author might condemn the ideology that has led this person to his exaggerated dreams and his unscrupulous attempts to realize them; but Walter himself may be seen as a victim, having neither Beneatha's education nor Mama's feelings, which could have prevented him from internalizing the principles of materialism.

7. Stunde: Education I

Didaktische Vorbemerkung

Walters Absicht, durch Hebung seines materiellen Wohlstandes seine soziale Stellung zu verbessern, wird in Hansberrys Drama Beneathas Weg gegenübergestellt: sie glaubt an Erziehung und Ausbildung als Mittel, aufzusteigen und sich selbst zu verwirklichen. Mit der Figur Beneathas wird das Thema Erziehung unter verschiedenen Blickwinkeln beleuchtet, und zwar auf eine Art und Weise, die sich auf alle amerikanischen Frauen übertragen läßt. Da es sich aber um ein schwarzamerikanisches Drama handelt, kann auch auf die spezifische Situation der Schwarzen eingegangen werden, um die landeskundlichen Kenntnisse der Schüler zu erweitern. Es wird von den Zielen des Lehrers abhängen, ob er das Thema Bildung/Erziehung wie hier vorgeschlagen in zwei Unterrichtsstunden behandelt oder ob er sich nicht so weit vom Text entfernen möchte und darum auf den Bereich *Problems of black education* verzichtet.

Eines der Ziele der ersten Stunde zu diesem Thema ist, die Bedeutung von Erziehung und Bildung für den gesellschaftlichen Aufstieg – vor allem des schwarzen Bevölkerungsteils – zu diskutieren. Als visueller Impuls eignet sich für den Einstieg das Photo aus Jacob Holdt, Bilder aus Amerika (Frankfurt: S. Fischer Verlag, 1978, S. 214), das auf Seite 35 abgedruckt ist. Dieses Photo sowie die ersten Zeilen des in der zweiten Stundenhälfte besprochenen Textes (vgl. S. 37) veranschaulichen die Hoffnung vieler Schwarzer auf verbesserte Aufstiegschancen durch Bildung.

Ein weiteres wesentliches Ziel der Stunde ist, die verschiedenen Gesichtspunkte herauszuarbeiten, unter denen das Thema Erziehung im Drama behandelt wird und Hansberrys Darstellungsweise zu interpretieren. Wenn die Schüler das Stück insgesamt gelesen und als Vorbereitung auf diese Stunde anhand des Anfangs von II,2 Vorüberlegungen angestellt haben, sollten diese Aspekte ohne allzuviel Steuerung im Unterrichtsgespräch gesammelt werden können. Andernfalls dürften eine Lektüre der Textstelle 49/1–24 im Unterricht und die in den vergangenen Stunden erworbenen Kenntnisse im Zusammenhang mit gezielten Hilfsfragen ebenfalls zu Ergebnissen führen.

Soll das landeskundliche Wissen wie oben

angedeutet vertieft werden, so kann im Anschluß an die kurze Einführung durch das Photo und die intensive Befassung mit dem Drama selbst der Text *The Young Blacks* (aus Topical Texts 9, The Black American, Klett, S. 41) einbezogen werden, der die Diskriminierung der schwarzen Kinder und Jugendlichen durch das Schulsystem beleuchtet (vgl. S. 37).

Verlaufsskizze

Voraussetzungen

Als Hausaufgabe haben die Schüler den Beginn von II,2 (49/1–24) gelesen und sich zum Unterschied von Beneathas und Georges Vorstellungen von Bildung und Erziehung Gedanken gemacht.

Zusatzmaterial zur 7. Stunde

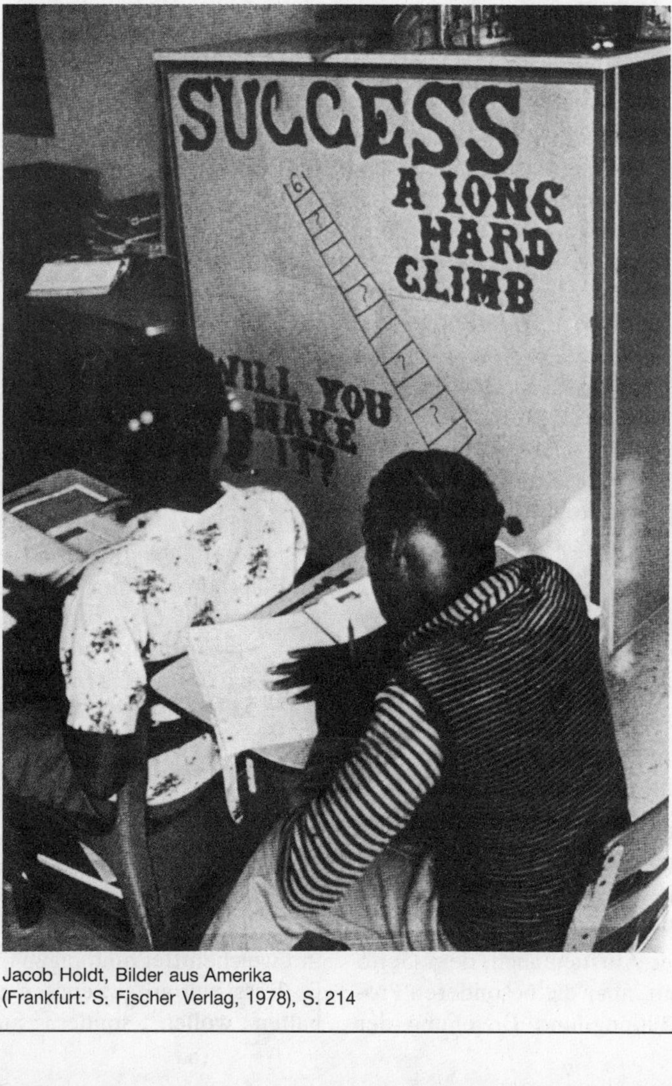

Jacob Holdt, Bilder aus Amerika
(Frankfurt: S. Fischer Verlag, 1978), S. 214

Unterrichtsschritt 1:
Aspects of education

Der Einstieg erfolgt mit Hilfe des Photos Seite 35, das am günstigsten auf Folie kopiert und mit dem Tageslichtschreiber projiziert wird. Es stellt die Verbindung Bildung – gesellschaftliches Fortkommen her, die im Drama am deutlichsten von George Murchison angesprochen wird.
Da das Gespräch zwischen Beneatha und George als Hausaufgabe vorbereitet war, können nach dem Einstieg im fragend-entwickelnden Verfahren die beiden Aspekte von Bildung gegenübergestellt werden, die sich aus dieser Diskussion erschließen lassen; der ‚funktionale' Aspekt, d. h. Bildung als Vehikel zur Sicherung einer bestimmten sozialen Stellung, und der ‚intellektuelle' Aspekt: Bildung als Voraussetzung für analytisches Denken, abstrakte Diskussionen u. ä.
Nachdem der Lehrer die Begriffe *functional* und *intellectual* an der Tafel festgehalten hat, fordert er die Schüler dazu auf, weitere im Stück angeschnittene Aspekte *(psychological, emancipatory, financial aspect)* zu nennen. Das Unterrichtsgespräch über diese Elemente des Dramas sollte nur soweit gesteuert werden, als es in der jeweiligen Klassensituation nötig erscheint. Währenddessen oder – um die Interaktion nicht zu stören – im Anschluß daran wird der Tafelanschrieb vervollständigt.

Unterrichtsschritt 2:
Hansberry's intention

Nach dem Sammeln all dieser Begriffe fällt auf, daß Begriffe wie *racial aspect, Black-American aspect* o. ä. nicht auftauchen. Natürlich bedeutet für Beneatha gesellschaftlicher Aufstieg auch, dem Getto zu entkommen, aber die besonderen Probleme der Bildung und Erziehung der schwarzen Amerikaner werden im Stück nicht thematisiert. Als Überleitung zur Betrachtung eben dieser Probleme im nächsten Unterrichtsschritt wird den Schülern anhand des Tafelanschriebs bewußtgemacht, welche Schwerpunkte die Autorin setzt bzw. nicht setzt. Die Kursteilnehmer suchen nach möglichen Gründen für diese Schwerpunktsetzung.

Unterrichtsschritt 3:
Problems of black education

Im dritten Unterrichtsschritt steht nun die landeskundliche Vertiefung des Themas im Mittelpunkt.
Der Text *The Young Blacks* wird zu Beginn nur bis Zeile 16 gelesen und im fragend-entwickelnden Verfahren bearbeitet. Ziel ist zunächst ein genaues Textverständnis; das bedeutet, daß Begriffe geklärt und weitere landeskundliche Informationen einbezogen werden müssen. Dabei können die Schüler auch Vorwissen über *school segregation* und *bussing* einbringen. Inhaltliches Lernziel der Bearbeitung des ersten Textteils ist, die Diskriminierung der Schwarzen in getrennten Schulen, welche lange Zeit gesetzlich festgelegt waren und auch heute noch keineswegs beseitigt sind, zu erfassen. In einem Tafelanschrieb können abschließend die Nachteile für die schwarzen Kinder konkretisiert werden.
Der Rest des Textes (ab Zeile 17) wird für einen kurzen schriftlichen Arbeitsauftrag genutzt. Die Schüler machen sich Notizen zu der Frage, warum auch gemischte Schulen, wie sie besonders in den sechziger Jahren durch staatliche Maßnahmen stark gefördert wurden, noch nicht die Lösung der Probleme bedeuten. Bei der Besprechung sollte klar werden, daß und mit welchen Begründungen nicht nur weiße Rassisten an getrennten Schulen festhalten wollen, sondern auch manche

Zusatztext zur 7. Stunde

The Young Blacks

Of all the common interests that black and white Americans share, perhaps the strongest is a mutual faith in education as salvation. In the TIME – Louis Harris poll, 97% of the young blacks interviewed planned to finish high school, and 67% expect to go to college. “Get an education,” an elderly black woman tells her grandson. “That’s the one thing they can never take away from you.”

Despite that faith, the US has patently failed to provide millions of young blacks with anything approaching equal education. Much of the white South still defends *de jure* segregation, which the Supreme Court outlawed 16 years ago as “inherently unequal.” Much of the North perpetuates *de facto* segregation. Meantime, scores of urban public schools have become black disaster areas. Invaded by crime and drugs, run by frightened teachers who regard most of their students as enemies, more and more black city schools have degenerated into daytime detention camps where armed guards patrol the corridors.

Many social scientists believe that ghetto children are often mislabeled by the white world’s IQ tests, which reflect the values of white middleclass culture. As they see it, black children are academically crippled not for lack of intelligence but because ghetto families are, at least by white standards, “culturally deprived.”

Even more acutely, a number of experts suggest that many black children fail in school because that is precisely what their teachers expect of them. When teachers view students as uneducable, they say, the children eventually conform to that negative expectation. Those taught to feel worthless soon act worthless.

From *Getting It Together: The Young Blacks,* in *Time, The Weekly Newsmagazine,* 6. April 1970

mutual ['mju:tʃuəl] shared; held in common – **patently** ['peitəntli] clearly; obviously – **to perpetuate** [pə'petʃueit] to keep in use, in existence – **detention camp** [di'tenʃən] prison – **uneducable** [ʌn'edjukəbl]

In: Topical Texts 9, The Black American, hrsg. von U. Neumann-Sichart, Stuttgart: Ernst Klett Verlag, S. 41

Schwarzen, die für die Rechte ihrer Bevölkerungsgruppe kämpfen. Der Tafelanschrieb wird gegebenenfalls um die Probleme in gemischten Schulen ergänzt.

Falls es die Zeit zuläßt, kann die Stunde abgerundet werden, indem eine Statistik (aus: *Blacks in the U. S. A.*, Project Book 1, CVK, S. 41; vgl. S. 38) im Unterrichtsgespräch interpretiert wird. Vor allem können die Schüler Hypothesen anstellen, warum selbst bei gleichem Bildungsniveau des Familienvorstandes der Wohlstand der schwarzen Familien im Durchschnitt geringer ist. Beabsichtigt ist hiermit nicht, eine im Detail beweisbare Analyse zu leisten, sondern das Problembewußtsein beim Schüler zu verstärken. Deshalb wird auch eine interpretationsbedürftige kombinierte Statistik eindeutigen Einzelstatistiken vorgezogen, bei denen der Spielraum für eine Eigenleistung der Schüler geringer wäre.

Erweiterungsmöglichkeiten

- Schülerreferat zur historischen Entwicklung der *school segregation/desegregation*
- Pro- und Contradiskussion zum Thema *bussing*
- Text aus Holdt S. 214 vorlesen oder austeilen:

Hey, Onkel Sam, du magst glauben, wir seien verrückt,
wenn wir unsere Kinder auf die bürgerlichen Schulen schicken.
Du betreibst bürgerliche Schulen, und wie um alles in der Welt
sollen wir eines Tages die Regeln brechen.
Wir sind der Gehirnwäsche müde,
des Wettlaufs nach oben in der Gesellschaft,
da wir doch dauernd rückwärts wieder heruntergleiten,
immer dann, wenn wir ein Stück nach oben geschafft haben!
Du hast den Verlag gegründet, hast das Buch zusammengestellt,
und wenn wir jetzt deine Ausbildung erhalten,
wird deine Gehirnwäsche auf ewig andauern...
(Jacob Holdt, Bilder aus Amerika, S. 214)

Die Schüler sollen in der Rolle eines schwarzen Separatisten eine Rede halten und ausführen, wie das Schulsystem sein sollte.

Zusatzmaterial zur 7. Stunde

The relationship between family income and the education level of the head of the family, 1977

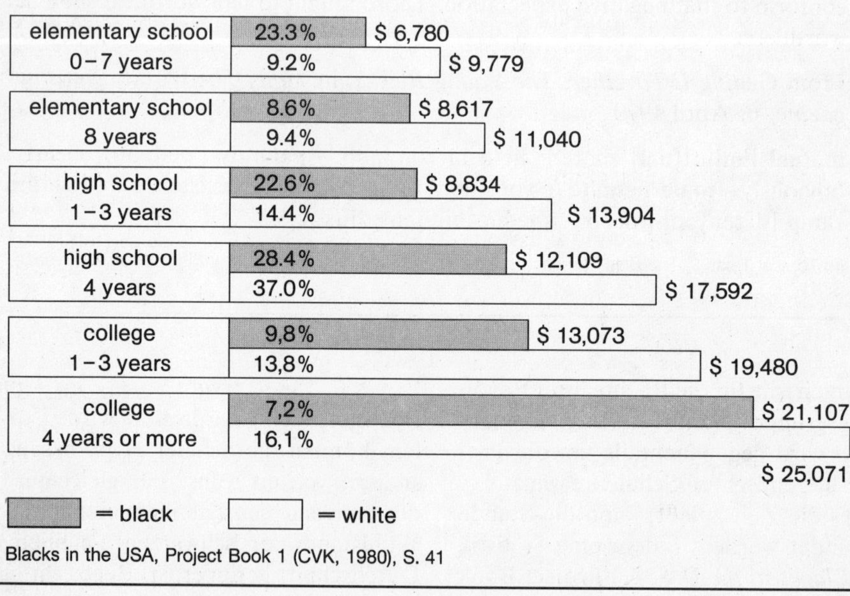

Blacks in the USA, Project Book 1 (CVK, 1980), S. 41

Zum Inhalt der Stunde

Unterrichtsschritt 1:

In this diagram learning is suggested to be the most effective means of climbing up the social ladder. "Success" might mean for black children: getting out of the ghetto, breaking away from the vicious circle that is threatening them. They might gain access to a positive circle of social advancement.

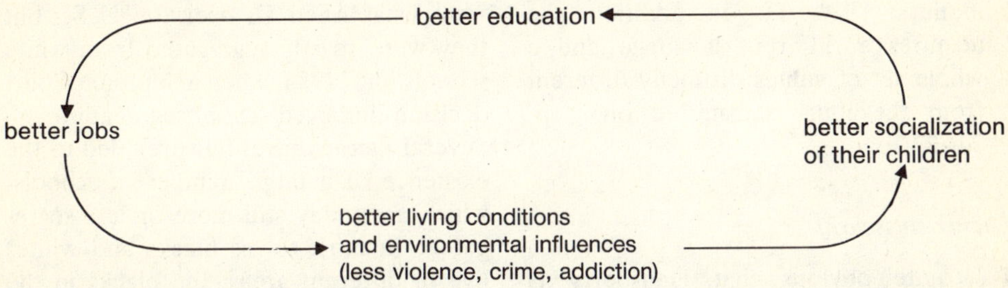

It is certainly justified to consider education to be the only realistic basis for the advancement of a large proportion of the population in modern America. Without a degree most of the higher positions can never be obtained. The chances of realizing the old dream of becoming a millionnaire on the sole grounds of individual effort and skill, through physical work or clever business transactions, are extremely small. Walter believes in the dream – and his way of acting illustrates that today, becoming rich without education frequently implies unscrupulous behaviour close to illegal action. (In contrast to Mama he does not care if he furthers addiction by selling liquor, he accepts the practice of bribery in order to obtain the licence faster (67/8–13), and he plans to invest Beneatha's money as well...)

Yet although going to school is perhaps safer, given the present economic climate, it does not necessarily open up the way to an adequate professional career any longer – although even then, education does not become meaningless: the functional aspect is not the only one to be considered, as Hansberry shows for example in the discussion between Beneatha and George Murchison in II,2 (49/1–24). Throughout the drama, the theme of education is rather complexly presented, but a careful reading can lead to the following list of *aspects of education:*

- *The functional aspect:* education as a means to social mobility.
- *The financial aspect:* Education costs money:
  a) Tuition fees are paid for higher education in the U.S. (That is why Beneatha's medical training is dependent on the possession of money.)
  b) A student does not contribute to the family income. (Walter therefore regards Beneatha as a parasite.)
- *The intellectual aspect:* Education develops intellectual capacities (discussion Beneatha/George 49/1–24; Asagai has thought about many things, personal and political; Beneatha is the one who brings up the theme of identity, who is the first to understand Lindner's intention...)
- *The psychological aspect:* Education helps to find one's own personal way of life, helps to develop one's personality

in more than the mere intellectual respect. (Beneatha tries out several forms of self-expression, joins a riding-club and a theatre group, plays the guitar... p. 24, 25)

- *The progressive, emancipatory aspect:* Education may lead to a rejection of traditional values and beliefs. (Beneatha does not accept the traditional role pattern, whereas Walter e.g. cannot understand at all why a woman should become a doctor instead of choosing a "female" activity like being a nurse; 19/9–11. In addition she acquires a different language and a whole set of values distinctly different from the long transmitted ones; p. 24–27.)

Unterrichtsschritt 2:

It's quite obvious that Hansberry is mainly dealing with general problems which are more or less applicable to all pupils attending secondary schools in the U.S., and that she omits the specific problems of black education which raises the question of why she does so. The reason might be an intention to avoid writing a biased black protest play and to show that her people are part of American society and involved with the same complex problems and conflicts.

In addition, the insight that a black author writing about black characters presents the problems of education from the general American point of view might indicate that Hansberry is not critical of the American school system nor of its inherent norms and values and accepts that blacks must try to find their way within the system.

Unterrichtsschritt 3:
Historical survey

During the period of slavery, learning to read and write was prohibited by law, because educated blacks would have presented a greater threat to the system: they would have then been capable of analyzing their situation more accurately, of communicating with each other more effectively and of organising a more powerful collective resistance.

After the final abolition of slavery in 1865 (after the Civil War) schools for blacks were established all over the U.S., but they were strictly segregated from white schools until 1954, when a Supreme Court decision outlawed school segregation.

Several factors have, however, led to the existence of a large number of schools, which are today still more or less segregated: In most towns blacks and whites live in different areas: the blacks in the noisy and polluted inner city, the whites in the pleasanter suburbs. The only way of obtaining mixed schools, therefore, has been by bussing a certain percentage of white children to black schools and vice versa. This method, started at the beginning of the sixties, has met with strong resistance among the white population: parents have objected to the long bus journeys, feared for their children's safety and disapproved of them leaving the generally better equipped schools in white areas.

But not only whites have disagreed with integrated schools. A number of blacks have demanded schools run by blacks, which are to develop black identity by emphasizing black history and culture and by supporting the blacks' sense of self-esteem and solidarity.

Problems in segregated schools

In the past more money has been granted for the equiping of white schools, so that facilities and the whole educational climate have been better from the start. In addition, there are probably more white parents who have the power to influence decisions affecting their schools than there are blacks. In the ghettos it would not even be enough to grant the same amount of money, for these children need special care and a number of truly committed and perhaps specially trained teachers. Moreover, it is almost unavoidable that ghetto violence affects school life. Any place where groups of teenagers, who on the whole have no future prospects, are grouped together, easily turns into a hotbed of crime.

Problems in desegregated schools
One of the most obvious problems indicated in the text *The Young Blacks* is that many black children have to face prejudiced teachers and white classmates. The fact that such prejudice has an influence on the children's actual ability, has been proved by empiric tests: Two arbitrarily composed groups, taught by a teacher who *thought* that one group was more intelligent than the other, did in fact, after a while, show results corresponding to the expectation.
Another problem indicated in the text is that black children in mixed schools often *seem* less intelligent than their white colleagues because they come from a different cultural background and cannot fulfil the demands of the predominantly "white" school-system. The problem exists generally for all lower class children because higher education hardly takes into account what they have learned in their environment, whereas the knowledge, the language and the values middle class children have been brought up with make it much easier for them to follow the lessons. For black ghetto children the problem is aggravated because their experiences, their way of expressing themselves and their cultural heritage differ even more from the dominant culture underlying the school system. – And if they do successfully integrate, it is often at the cost of their own roots, they assimilate largely to American society, move to better areas and abandon those who cannot leave the ghetto.

Real chances of social mobility for blacks
The statistics show that the percentage of blacks whose education does not exceed seven years of elementary schooling is much higher than among whites, and far fewer blacks attend four or more years of college.
More striking, though, is the fact that, although a black may have the same qualifications as a white, this does not necessarily guarantee the same family income. Some possible explanations could be the following:
- The percentage of black unemployment is higher, which lowers the average figure in each group.
- Blacks have greater difficulty in finding employment corresponding to their qualifications.
- Blacks receive lower wages for similar work.
- Whites have other sources of income at their disposal, such as land or property, shares in a company or interest from investments or inheritances.

8. Stunde: Education II / Religion

Didaktische Vorbemerkung

Nachdem der Schwerpunkt der vergangenen Stunde auf dem Wert von Bildung allgemein und den Bildungschancen der schwarzen Amerikaner im besonderen lag, wird in dieser Stunde zunächst besprochen, welche (innerfamiliären) Probleme (z. B. Kommunikationsschwierigkeiten; divergierende Wertvorstellungen) durch weiterführende Bildung und Erziehung im Stück erwachsen. Das Thema Erziehung wird damit abgeschlossen; und nach dem Exkurs gegen Ende der vorigen Stunde rückt wieder das Drama in den Mittelpunkt. Dies bedeutet auch, daß die Betrachtung wieder von Problemaspekten bestimmt wird, die in keiner Weise spezifisch sind für den schwarzamerikanischen Bevölkerungsteil, sondern zwischenmenschliche Beziehungen allgemein betreffen.

In einem einführenden Unterrichtsgespräch soll das Bewußtsein der Schüler dafür geschärft werden, daß durch Unterschiede im Bildungsniveau Kommunikationsschwierigkeiten entstehen können, gegenseitiges Unverständnis, Konflikte, Mißachtung des anderen. Dies kann schlaglichtartig klargemacht werden, wenn die Stunde mit der kurzen Szene 43/22–44/29 eingeleitet wird. Der von Collegebesuch und gesellschaftlichem Aufstieg geprägte George nennt Walter hier „Prometheus", was dieser mit seinem Bildungsstand gar nicht verstehen kann und darum rein aus der Situation heraus zu interpretieren gezwungen ist. Am interessantesten ist der Einstieg dann, wenn der Lehrer die Gruppe auf provokative Weise in dieselbe Situation bringt, in der sich Walter befindet, oder zumindest eine ähnliche Situation aus dem Umfeld der Schüler entwirft und daraus die weiteren Fragen ableitet.

Im Fortgang des Unterrichts sollte deutlich werden, daß Lorraine Hansberry primär durch die Figur der Beneatha auf die Kommunikationsprobleme und Wertunterschiede hinweist, die durch Bildungsgefälle und/oder Altersunterschied entstehen können. Welche Vorstellungen im einzelnen zu Konflikten führen, läßt sich am deutlichsten aus der Szene 24/1–27/24 herausarbeiten, in der die Differenzen zwischen Beneatha, Mama und Ruth soweit eskalieren, daß Beneatha schließlich eine Ohrfeige erhält. Die Schüler sollten die Szene zu Hause vorbereiten und *Beneatha's values* denen von Ruth und Mama gegenüberstellen.

Von hier aus läßt sich leicht auf das Thema Religion überleiten, da in dieser Szene Mama und Beneatha auch eine Auseinandersetzung über Gläubigkeit und Frömmigkeit haben. Das Thema bietet sich als zweiter Stundenschwerpunkt an, weil es ausreichend behandelt werden kann, ohne daß ihm eine gesamte Unterrichtsstunde gewidmet wird.

Nach der textimmanenten Analyse des Streits kann ein landeskundlicher Zusatztext einbezogen werden. Nur so kann nämlich geklärt werden, warum Mama dermaßen tief getroffen ist, als Beneatha den Namen des Herrn mißbraucht und dessen Autorität anzweifelt: ihre Religiosität entspringt nicht nur einem individuellen Bedürfnis, sondern einer schwarzamerikanischen Tradition, die sich bis auf die Zeit der Sklaverei zurückführen läßt. Der Text *Spirituals* (vgl. S. 44) wurde unter anderem darum gewählt, weil die besondere Funktion, die den Spirituals als Gefühlsausdruck und Hoffnungsspende für Amerikas Schwarze zukam, auch im Drama zum Ausdruck gebracht wird. Der vollständige Text des in *A Raisin in the Sun* bruchstückhaft enthaltenen Spirituals (S. 63, 64 und 66) findet sich einschließlich Noten auf Seite 45. Eine Schülergruppe kann im voraus eine Kopie erhalten und den Song lernen.

Aus der bisherigen Betrachtung könnte bei den Schülern der Eindruck entstehen, als hätte das Christentum nur positive Seiten für die Schwarzamerikaner gehabt, als hätte es wirklich nur frohe Botschaft und Zuflucht bedeutet. Daß im Namen des Christentums aber auch Rassismus gerechtfertigt wurde und zum Beispiel die Schwarz-Weiß-Symbolik in der Bibel von Weißen wie von Schwarzen auf die Hautfarbe übertragen wurde, sollte ebenfalls bewußtgemacht werden. Besonders rasch wird dieses Ziel erreicht, wenn einzelne Schüler im voraus den kurzen Text "Color, Racism and Christianity" (vgl. S. 46) zur häuslichen Vorbereitung erhalten Der Tafelanschrieb ist so angelegt, daß der Schwerpunkt zunächst auf dem Sammeln der positiven Funktionen des Christentums liegt, diese jedoch im Anschluß relativiert werden können.

Verlaufsskizze

Voraussetzungen

Als Hausaufgabe haben die Schüler die Textstelle 24/1–27/24 gelesen und Notizen gemacht für einen Vergleich zwischen Beneathas und Mamas bzw. Ruths Wertvorstellungen.

Unterrichtsschritt 1:
Conflicts caused by education

Durch eine provokative Einstiegsfrage nach Prometheus (evtl. mit Bild aus einer Sagensammlung; Textstelle 43/22–44/29) und anschließendes Unterrichtsgespräch werden die Schüler darauf verwiesen, welche Probleme ein unterschiedliches Bildungsniveau für die zwischenmenschlichen Beziehungen mit sich bringen kann. An verschiedenen Beispielen werden die Kommunikationsbarrieren zwischen einigen Figuren des Stücks aufgezeigt (George – Walter / Beneatha – Ruth).
Im Anschluß daran geht der Unterricht genauer auf die Konflikte ein, die entstehen können. Hierfür werden anhand der zu Hause vorbereiteten Szene Beneathas und Mamas bzw. Ruths Vorstellungen gegenübergestellt. Für den Tafelanschrieb wurde eine Form gewählt, die den *gap* zwischen den kollidierenden Werten symbolisieren soll.

Unterrichtsschritt 2:
The function of religion

Im zweiten Unterrichtsschritt wird der Bereich Religion thematisiert. Die Überleitung hierzu erfolgt anhand eines Teils der im vorherigen behandelten Textstelle (24/8–14 und 26/12–27/8). Nachdem die Schüler Beneathas und Mamas Einstellung herausgearbeitet haben, stellen sie Vermutungen an, warum die Religion für Mama eine so zentrale Bedeutung hat bzw. welche Versprechungen des Christentums seine große Attraktivität ausmachen könnten. Die linke obere Spalte des Tafelanschriebs entsteht.
An dem Zusatztext *Spirituals* (vgl. S. 44) erarbeiten die Schüler in Stillarbeit die besondere Bedeutung des Christentums für die schwarzen Amerikaner. Der Text ist sprachlich einfach und dient nur zur schnellen Informationsvermittlung. Der Tafelanschrieb wird nun um die rechte obere Spalte ergänzt.
Die Funktion des Spirituals als verschlüsseltem Gefühlsausdruck wird am Drama exemplifiziert. (63/22–30, 64/1 + 2, 66/1 + 2 und 66/8 + 9 sind Zeilen aus demselben Song.) Die Stellen brauchen nur dann im Kontext gelesen zu werden, wenn die Schüler sich nicht an diesen erinnern können. Um die Einordnung in den Gesamtzusammenhang zu erleichtern, wird bei Bedarf das Arbeitsblatt der 1./2. Stunde hinzugezogen. Der Unterricht wird aufgelockert, wenn eine Schülergruppe das von Walter gesungene Lied vorträgt, wobei

sich das Hörverstehen durch gleichzeitige Projektion des Textes auf dem Tageslichtschreiber stützen läßt. Soll jedoch nicht auf den Text des Songs eingegangen werden, ist es möglicherweise günstiger für die Aufmerksamkeit, wenn die Präsentation erst am Ende der Stunde erfolgt.

Zum Abschluß der Stunde können die Schüler dazu angeregt werden, sich über die Schwarz-Weiß-Symbolik und deren Auswirkungen auf Vorurteile gegen die Schwarzen und auf deren Selbsteinschätzung Gedanken zu machen. Dies kann dadurch erreicht werden, daß einzelne Schüler den Text "Color, Racism and Christianity" (vgl. S. 46) zur Vorberei-

Zusatztext zur 8. Stunde

Spirituals

The slaves usually had to work from morning to night, except on Sunday, when they were allowed to go to the white man's church. There the whites sat while the blacks stood, segregated from them. Some slave-holders did not allow slaves to go to church at all – because they considered the ideas of Christianity too dangerous for slaves to know about. In other areas the blacks were allowed to build their own separate churches. But they were not allowed to hold meetings at night, there always had to be a white man in the church with them, to watch and listen, and it had got to bc a Christian church. Many of the blacks were Moslems. Others had practised older African religions. But they all had to adjust to different teachings now.

What effect did this contact with Christianity have? A lot of slaves liked the idea of a loving God who was more powerful than the white man. They looked forward to a better life in the future, and were pleased to think that all the white sinners would have to face judgement when they died. At the same time, most slaves became even angrier as far as the present was concerned. Their feelings of brotherhood and love of justice were encouraged – and their hatred of slavery increased.

It was dangerous for slaves to talk loudly about their real feelings towards white people and slavery. However, they were allowed to make up songs based on stories in the Bible (called *gospel music, Negro spirituals* or *Sorrow Songs*). And this gave them a kind of secret code, in which they could express their real feelings as loudly as they liked – their sadness and bitterness, their hopes and their happiness in spite of everything, and their opposition and resistance.

It was an old African tradition to tell the history of the people in songs – with a soloist who led the rest of the group, who always sang the chorus – and this old tradition now continued "in disguise". One favourite subject in spirituals, for example, taken from the Old Testament, was how Moses led the children of Israel out of bondage in Egypt, the land of the "old Pharaoh".

Blacks in the USA, English Project Book 1 (CVK, 1980), S. 18

I got a shoes

I got a wings, you got a wings, all o' God's chillun got a wings.
When I get to heab'n gonna fly on my wings
gonna fly all over God's heab'n . . .
Ev'rybody talkin 'bout heab'n ain't goin' there,
heab'n, heab'n, gonna fly all over God's heab'n.

I got a song, you got a song, all o' God's chillun got a song.
When I get to heab'n gonna singin' my song,
gonna shout all over God's heab'n . . .
Ev'ry body talk about, heab'n ain't goin' there
heab'n, heab'n, gonna shout all over God's heab'n.

Jochen Swift, Gospels, Shanties und Folklore, Bad Godesberg: Voggenreiter, 6/1977, S. 21

Zusatztext zur 8. Stunde

Color, Racism, and Christianity

But the greatest Christian two-part division is that of white and black. White is used to express the pure, while black expresses the diabolical. The conflict between Christ and Satan, the spiritual and the carnal, good and evil came finally to be expressed by the conflict between white and black, which underlines and synthesizes all the others. Even the blind, who know only night, think of a swarm of angels or of devils in association with white and black – for example, "a black soul," "the blackness of an action," "a dark deed," "the innocent whiteness of the lily," "the candor of a child," "to bleach someone of a crime." These are not merely adjectives and nouns. Whiteness brings to mind the light, ascension into the bright realm, the immaculateness of virgin snow, the white dove of the Holy Spirit, and the transparency of limpid air; blackness suggests the infernal streams of the bowels of the earth, the pit of hell, the devil's color.

In: Peter Freese, Growing up Black in America (Schöningh), S. 42/17–27

tung erhalten haben und deshalb Vorwissen einbringen können. Alternativ könnte der Lehrer durch Fragen nach der symbolischen Bedeutung der Farben, einem Beispiel aus der Bibel oder durch gezielte Provokation in der Art von: *Do you think black people have a black soul?* zu diesem Aspekt überleiten. Auf jeden Fall sollte die ganze Klasse versuchen, Ausdrücke mit *black* zu nennen. Zusammenfassend werden schließlich der mittlere Block und die untere Spalte des Tafelanschriebs ergänzt.

Erweiterungsmöglichkeiten

- Schülerreferat: Development and importance of Christianity among the slaves
- Vertiefung der Problematik des *Black English* versus *Standard English*.
  Es kann beispielsweise analysiert werden, wann sich Beneatha welches Codes bedient und ob sich daraus Rückschlüsse auf eine unterschiedliche pragmatische Relevanz der Register ziehen lassen. Darüber hinaus könnten je nach Interesse des Lehrers und der Klasse soziolinguistische Fragestellungen angerissen werden: die Problematik des Bilinguismus vieler Schwarzer, Erfahrungen mit kompensatorischer Spracherziehung in den USA, Methoden und Ergebnisse eines Sprachenvergleichs u. ä.

Zum Inhalt der Stunde

Unterrichtsschritt 1:

a) *Communication barrier*
Prometheus is a Greek mythological figure who was said to have created man. He believed so firmly in his own power and strength that one day he dared to try and tempt and cheat Zeus: As a sacrifice he offered the gods some bad parts of a bull and kept the good parts for the humans themselves. Discovering the

fraud, Zeus deprived mankind of the benefits of fire. For stealing the fire and returning it to earth against Zeus' will, Prometheus was severely punished: he was tied to a Caucasian rock where every day an eagle picked out his liver, which grew again at night.
Knowing at least some of these facts about Prometheus testifies to a certain education. Being able to use his name to insult another person, as George Murchison does in the play (43/22–44/29), shows that you are quite well informed about Greek mythology. But such knowledge may cause problems as well: when communicating with less educated people it may be used as a weapon, or it may lead to misunderstandings or to feelings of superiority on the one side and of inferiority on the other. The scene in which George calls Walter Prometheus illustrates these problems. By using the term, George probably wants to say that Walter's idea of gaining George's father as a business partner is just like Prometheus' attempt to act as Zeus' equal.
The use of language is one area where the difference between well educated and less educated people is highlighted. The stage direction introducing Beneatha states: "education has permeated her sense of English" (17/14). For her this fact does not only mean that she is distinct from her family by using two registers but it may also be indicative of her position towards her race: The more she renounces black English and adopts standard English, the more she integrates into white America and becomes alienated from her own race.

b) *Clash of values* (24/1–27/24)
Towards the end of the first act, Beneatha enters the room and the first thing she notices is the sound of the vacuum cleaner, part of the housework mentioned in a number of stage directions. She expresses her lack of understanding for such an emphasis on cleanliness, a waste of time in her eyes. But the clash of values concerns more than that, as is revealed in the conversation that follows. Walter's sister rejects nearly everything that is important for Mama or Ruth: religious belief, the traditional role pattern with Mama being the head of the family, marriage automatically following a friendship between a man and a woman and, to Ruth's utter astonishment, even wealth and social position of a possible future husband. Mama and Ruth in contrast, can neither share nor even understand the aims and ideas Beneatha considers to be important: self-realization, intellectual capacities, independence and a professional career.

Unterrichtsschritt 2:

Religion is the subject that leads to real contention between Beneatha and Mama. In Beneatha's opinion God has no influence whatsoever on human destiny and is, therefore, neither to be blamed nor to be praised for anything that happens on earth. Man bears the entire responsibility for all his deeds. For Mama, in contrast, a swearword like "for Christ's sakes" (24/8) is not an empty phrase but a serious blasphemy, an insult to God. All her convictions are shattered and she is frightened by the ideas and pretentions of the new generation.
Why is religion such a fundamental part of Mama's life? Essentially because it provides strength and hope for her, which is indicated at various points of the play (cf. e.g. 62/28ff.). But the text "Spirituals" leads to a further explanation, in connection with the collective past of her race: Since slavery, religious belief has helped to unify her people, to provide for a feel-

ing of togetherness and the hope for a better future. The function of religion for blacks, esp. some positive and negative aspects of Christianity, are further described in the additional texts p. 45 and 46.
The particular role of the spirituals described in the text is reflected in the play itself. Walter starts singing one in scene II,3, the climax and turning point of the play. At the beginning of this scene everybody is happy at the prospect of moving into the new house. Yet the general state of happiness and exuberance is destroyed in two phases, the first being a white person informing the family that they are not desired in the new neighbourhood. At this first threat to their new life, the family is still united in strength, pride and hope, and unwilling to subjugate to white oppression. All this is implied when Walter starts singing the spiritual about *all* God's children having the chance for a better life. Thus Hansberry uses the spiritual as a literary device to convey a complicated meaning, as a sort of symbol, instead of expressing the ideas explicitly.

9. Stunde: Family structure (fakultativ)

Didaktische Vorbemerkung

Das Thema Familie – Familienleben, Familienbindung, Rücksichtnahme, Verantwortung für die anderen etc. – durchzieht das Stück von Anfang bis Ende und ist verknüpft mit den individuellen Träumen und Wünschen der Charaktere: Mama kauft das Haus u.a., um ihre Familie zusammenzuhalten (48/3,4); Walter bricht aus der Familie aus, als er sich unverstanden fühlt und sein Schicksal nicht mehr von Mama lenken lassen will – und wird von Mama und dem Gedanken an seinen Sohn Travis (80/11, 12) schließlich davon abgehalten, sich und seine Familie vor Lindner zu erniedrigen; Beneatha gerät auf der Suche nach einem eigenen Weg in Konflikt mit der Familie; und schließlich schöpfen alle Figuren bei verschiedenen Anlässen Kraft aus der Einheit Familie.
Wegen der zentralen Bedeutung wurde für das Thema eine ganze Unterrichtsstunde vorgesehen. Um den Schülern bewußtzumachen, daß Mamas Vormachtstellung auch vor dem Hintergrund schwarzamerikanischer Kultur zu sehen ist, wird auch hier landeskundliches Zusatzmaterial einbezogen.
Der Text *The Negro Matriarchy* von Kenneth Clark (vgl. S. 49f.) wurde aus folgenden Gründen gewählt: das Buch, aus dem der Auszug stammt, hat in den USA ein großes Echo gefunden und auch die politische Diskussion in den sechziger Jahren beeinflußt; der Text enthält verbreitete Thesen und (Vor-)Urteile über die Afroamerikaner und fordert zur kritischen Stellungnahme heraus. Da die anderen Sachtexte dieser Unterrichtseinheit schwerpunktmäßig der Informationsvermittlung dienten, wird hier Abwechslung erreicht und ein wichtiges Lernziel der Oberstufe verfolgt: die Fähigkeit, Argumentationsstrukturen zu erkennen und kritische Distanz zu einem vorliegenden Text zu gewinnen.
Der Text ist allerdings sprachlich nicht einfach und sollte daher auf jeden Fall zu Hause vorbereitet werden. Auch stellt die kritische Analyse einige Ansprüche an das Denk- und Ausdrucksvermögen der Schüler, selbst wenn sie im Unterricht, wie auf dem Arbeitsblatt vorgeschlagen (vgl. Stundenblätter), durch Zitate und gezielte Fragen auf einige wesentliche Punkte konzentriert ist.

Nach der werkimmanenten Betrachtung wird das Drama in dieser Stunde wieder in einen größeren landeskundlichen Rahmen gestellt. Bei Zeitknappheit kann diese lohnende Erweiterung allerdings auch weggelassen oder gekürzt werden, ohne daß ein logischer Bruch im Ablauf der Unterrichtseinheit entsteht.
Im einzelnen werden in dieser Stunde folgende Lernziele verfolgt:

1. Die Schüler sollen ein differenziertes Bild von den innerfamiliären Strukturen und Rangordnungen im Drama gewinnen.
2. Sie sollen Erklärungsansätze für die führende Rolle der (Groß-)Mutter in vielen schwarzamerikanischen Gettofamilien erarbeiten und diskutieren.
3. Sie sollen abschließend die Macht- und Figurenkonstellation im Drama mit den Zusatzinformationen in Verbindung bringen.

Verlaufsskizze

Voraussetzungen

Als Hausaufgabe haben die Schüler den Text *The Negro Matriarchy* vorbereitet, so daß sie ihn sprachlich verstehen und die wesentlichen Informationen und Argumente wiedergeben können.

Unterrichtsschritt 1:
Family cohesion in the play

Den Einstieg bildet die Lektüre der Textstelle 79/13–24 (Schüler lesen; evtl. auf Folie projizieren), da sich im Anschluß daran im Unterrichtsgespräch die Bedeutung des Familienzusammenhalts für Mama und das gesamte Leben der Youngers aufzeigen läßt. Die Einordnung von Mamas Aussage in den Gesamtzusammenhang der Handlung kann eventuell durch den Übersichtsplan der 1./2. Stunde erleichtert werden.

Zusatztext zur 9. Stunde

The Negro Matriarchy

Sexual hierarchy has played a crucial role in the structure and pathology of the Negro family. Because of the system of slavery in which the Negro male was systematically used as a stud and the Negro female used primarily for purposes of breeding or for the gratification of the white male, the only source of family continuity was through the female, the dependence of the child on his mother. This pattern, together with the continued postslavery relegation of the Negro male to menial and subservient status, has made the female the dominant person in the Negro family. Psychologically, the Negro male could not support his normal desire for dominance. For the most part he was not allowed to be a consistent wage earner; he could not present himself to his wife and children as a person who had the opportunity or the ability to compete successfully in politics, business, and industry. His doubts concerning his personal adequacy were therefore reinforced. He was compelled to base his self-esteem instead on a kind of behavior that tended to support a stereotyped picture of the Negro male – sexual impulsiveness, irresponsibility, verbal bombast, posturing, and compensatory achievement in entertainment and athletics, particularly in sports like boxing in which athletic prowess could be exploited for the gain of others. The Negro male was, therefore, driven to seek status in ways which seemed either antisocial, escapist, socially irresponsible. The pressure to find relief from his intolerable psychological position seems directly related to the continued high incidence of desertions and broken homes in Negro ghettos.

The Negro woman has, in turn, been required to hold the family together; to set the goals, to stimulate, encourage, and to protect both boys and girls. Her compensatory strength tended to perpetuate the weaker role of the Negro male. Negro boys had the additional problem of finding no strong male father figure upon which to model their own behavior, perhaps one of the reasons for the prevalent idea among marginal Negroes that it is not masculine to sustain a stable father or husband relationship with a woman. Many young men establish temporary liaisons with a number of different women with no responsibility toward any. Among Negro teen-agers the cult of going steady has never had the vogue it seems to have among white teen-agers; security for Negroes is found not in a relationship modeled after a stable family – for they have seen little of this in their own lives – but upon the relationship they observed in their own home: unstable and temporary liaisons. The marginal young Negro male tends to identify his masculinity with the number of girls he can attract. The high incidence of illegitimacy among Negro young people reflects this pervasive fact. In this compensatory distortion of the male image, masculinity is, therefore, equated with alleged sexual prowess.

From *Dark Ghetto,* by Kenneth B. Clark, copyright © 1965 by Kenneth B. Clark. Reprinted by permission of Harper & Row, Publishers, Inc.

Annotations

matriarchy ['meitriɑ:ki] social system in which mother is head of family – **stud** [stʌd] male (horse) kept for breeding – **gratification** [ˌgrætifi'keiʃən] pleasure or satisfaction – **relegation** [ˌreli'geiʃən] sending to some inferior position – **menial** ['mi:njəl] of inferior status – **subservient** [səb'sə:vjənt] *here:* subordinate – **consistent** constant, regular – **adequacy** ['ædikwəsi] having the qualities needed – **to reinforce** [ˌri:in'fɔ:s] to make stronger – **irresponsibility** ['irisˌpɔnsə'biliti] state of not being responsible – **posturing** ['pɔstʃəriŋ] bodily or mental attitude assumed for effect – **compensatory** [kəm'pensətəri] making up for some disadvantage – **prowess** ['prauis] unusual ability – **escapist** [is'keipist] avoiding responsibility – **prevalent** ['prevələnt] common, heard everywhere – **marginal** ['mɑ:dʒinəl] *here:* belonging to the lower income-group – **liaison** [li(:)'eizɔ̃:ŋ] – **illegitimacy** [ˌili'dʒitiməsi] – **pervasive** [pə:'veisiv] tending to spread (of influence) – **alleged** [ə'ledʒd] claimed to be true

In: Topical Texts 9, The Black American, hrsg. von U. Neumann–Sichart, Stuttgart: Ernst Klett Verlag, S. 29

Unterrichtsschritt 2:
Role pattern in the play

Im folgenden wird festgestellt, daß der Familienzusammenhalt trotz seiner Bedeutung für die Youngers auf verschiedene Weise gefährdet ist, unter anderem durch Walters und Beneathas Aufbegehren gegen Mamas Stellung als Familienoberhaupt. Im ersten Schwerpunkt der Stunde wird daraufhin genauer auf die innerfamiliären Strukturen und deren Entwicklung im Verlauf der Handlung eingegangen. Als Ausgangsbasis für eine Diskussion der Verschiebung innerhalb der Rangordnung sollen die Schüler in einer kurzen (!) Stillarbeitsphase versuchen, die Familienstruktur zu Anfang und Ende des Stückes graphisch darzustellen (I, 1 und III). Die Vorschläge werden an die Tafel gezeichnet, anschließend wird der beste ins Arbeitsblatt der 1./2. Stunde übernommen (vgl. S. 13 und 15).
Bei der Diskussion der Vorschläge sollte vor allem darauf eingegangen werden, ob Mama wirklich in allen Bereichen ihre Führungsposition abgibt. Da verschiedene Ansichten möglich sind, könnte der Lehrer durch provokative Aussagen versuchen, die Schüler zur Diskussion anzuregen.
Im Unterrichtsgespräch sollte weiterhin geklärt werden, worin Mamas führende Rolle begründet liegt und warum sie in II, 2 Walter zum Familienoberhaupt erklärt.

Unterrichtsschritt 3:
Role pattern in the ghetto

Der Text *The Negro Matriarchy* ermöglicht die Betrachtung von Mamas dominierender Stellung in der Familie im Kontext schwarzamerikanischen Familienlebens. Da er als Hausaufgabe vorzubereiten war, können die Argumentations- und Begründungszusammenhänge im Unterrichtsgespräch zusammengetragen und gleich in einen Tafelanschrieb umgesetzt werden. Ziel dieses Unterrichtsschritts ist zunächst die inhaltliche Erfassung des Textes, wobei aus unterrichtsökonomischen Gründen die Rolle des Vaters und der Mutter im Mittelpunkt steht und die Folgen für das Verhalten der Kinder außer acht gelassen werden.
Um die Schüler zu einem vertieften, kritischen Textverständnis zu führen, wird der erste Satz im fragend-entwickelnden Verfahren analysiert (Steuerung nach Bedarf). Mit dem Rest des Textes setzen sich die Schüler in Gruppen- oder Partnerarbeit auseinander, gelenkt durch das Arbeitsblatt (s. Stundenblätter). Um die kritische Betrachtung zusammenzufassen, machen die Schüler Vorschläge, wie ein nicht so sehr historisch und psychologisch, sondern eher soziologisch orientierter Ansatz an der Tafel skizziert werden könnte.

Unterrichtsschritt 4:
Hansberry's intention

Zum Abschluß der Stunde werden im Unterrichtsgespräch wieder Vermutungen angestellt, welche Aussageabsichten die Autorin mit dieser Darstellung des Wandels in der Familie Younger verfolgt.

Zum Inhalt der Stunde

Unterrichtsschritt 1:

"He's no brother of mine." (78/32), "I said that that individual in that room is no brother of mine." (79/1). This is the way Beneatha reacts when Walter has told and shown them how he intends to solve their problems (78/12–25). Beneatha believes that her response is in line with Mama's sense of dignity (79/8, 9) and is, therefore,

rather surprised at Mama's vigorous reply.
For Mama, however, there is no contradiction. Of course she disagrees with Walter's behaviour, but she tries to understand him and to support him with compassion and love so that he might find the strength to renounce his materialistic values and to face racial prejudice in the new neighbourhood.
One reason for her attitude is certainly her religious faith, according to which the weak are to be helped and protected, another is her belief in the value of family unity. She does not consent to Walter going "outside his home to look for peace" (37/15), and her wish to keep the family together is one of her motives for buying the house (48/1–9). When she sees that Walter is incapable of coping with his disappointment, that he starts drinking and risks losing his job, she feels guilty, although she had only done what she thought was for the best (52/12–30).
Family cohesion is not, however, a value, which is just defended for humanitarian reasons, but, as is seen in the course of the play, it proves to be the basis for the realization of a dream: moving out of the ghetto into a better area.

Unterrichtsschritt 2:

At the beginning of the play there is no doubt that Mama is the head of the family. The money everybody is talking about belongs to her and she decides how to use it. Her economic power, which gives her the possibility of controlling the family's destiny, is made clear to the spectator/reader even before she appears on stage for the first time. The stage direction introducing her (19/33–20/4) underlines the fact that she is different and in certain respects superior: "Mama enters."; all the other characters are named and, therefore, put on the same level, whereas the term "Mama" has a number of implications, especially in a Negro setting: she is the eldest, endowed with natural authority, a person to count and rely on. None of the other characters is described in such a positive way as she is: "She is, in a word, a beautiful woman" concludes the stage direction, after having pointed out that this beauty is not just an exterior feature, but reflects physical strength, intellect and inner strength including optimism and adaptive abilities.
And yet, there are several indications that she is reluctant to fulfil her role any longer. After her quarrel with Beneatha about religion, she remarks that she cannot understand her children's generation any more, that she has somehow lost touch with modern life (27/20–24); and in this case it is difficult for her to take adequate decisions affecting the future of these children, decisions, which they can understand and approve of instead of considering them as mere tyranny (see also 27/13, 14). The burden increases when she has received the money and Walter accuses her of not only destroying his own future, but also his son's and his wife's, by preventing him from investing in a liquor store (36,1–8). The moment she tells the grown-up man to sit down and listen to her (36/17), Walter's rebellious behaviour is comprehensible to the reader/spectator. So Mama's handing over responsibility and economic power to Walter in II,2 (54/14–30) is not totally unexpected. From this moment he will have the position he is supposed to hold according to the dominant norms in American society (52/29, 30), and Mama will not need to feel guilty for his reactions to the hardships of life as she does in this scene.
However, a diagram depicting the family structure at the end of the play is not easy to formulate, because a certain ambiguity

remains as to Mama's position. Although she has relinquished her economic power and Walter has emerged from his crisis mature enough to assume his new role (83/5), she is the last character on stage, her plant in front of her, and it seems likely that there will be moments when the future of her family will again be decisively determined by her values, her life force, her capacity to struggle for survival.

Unterrichtsschritt 3:

a) *View of the author*

The family structure and its change in Hansberry's play might seem incidental, unless one knows that matriarchy in Negro families has been an often and controversially discussed topic.

Psychologists and sociologists have attempted to show that delinquency and welfare dependency in the ghettos are closely linked with an unstable and female-dominated family system. One such expert is Franklin Frazier, whose book *The Negro Family in the United States* (Chicago, 1939) has had an important influence in this field, another is Kenneth Clark, whose study *Dark Ghetto,* from which the extract is taken, was based on research in Harlem and then generally applied to Negro ghettos in American cities. Kenneth Clark describes Harlem ghetto life as a "tangle of pathology" in the Negro community, a phrase which reappears in an official government paper, the so-called "Moynihan report", which was intended as a basis for government action against poverty in the sixties. Daniel Patrick Moynihan's document led to a widespread public controversy (some years after the production of the play) about the question whether the Negro family was collapsing at a disastrous rate and whether the prevailing breakdown was primarily due to poverty or to cultural inheritance (pattern transmitted from slavery) or to a cycle of self-perpetuating pathology as Kenneth Clark and Moynihan claimed.

The guided analysis of the text is first meant to retrace Clark's arguments (3a), and then to classify his approach and to indicate other possibilities (3b).

Clark traces the central role of the mother in "the Negro family" back to the period of slavery. Although his argument, that both sexes being used as reproduction machines had the consequence that "the only source of family continuity was through the female" (l.5.), does not seem too logical, it may be seen in connection with the often stated theory that the failure of the enslaved Negro male to be the protector and provider of his family led to an inferiority complex and a long-lasting weakness on the side of the male. As families were frequently split up through sale, the family unit as such has, according to some theoreticians, lost its value for the American Negroes.

The following argument of the text also needs to be differentiated: "This pattern, together with the continued post-slavery relegation of the Negro male to menial and subservient status, has made the female the dominant person in the Negro family." (l.6–8): It is not only the black males, who have had a low, subordinate status in society, but as poverty has forced many women to work as well, the same fact and its consequences can also be applied to them. The female who has kept the family together and cared for the children has in many cases not been the mother, but the grandmother.

The subsequent argument in the text is sufficiently clear that it need not be repeated here.

b) *Critical approach*

The critical analysis is based on the following interpretation of the text:

Even though the text is an extract, it is justified to regard it as a unity with the first sentence introducing the main idea and the last one reemphasizing and summing up the essential content. Therefore, the study in class may start with a close analysis of the first sentence.

In this case, the initial sentence reflects three problematic tendencies of the text: The very first word stresses the belief that Negroes are unable to control their sexuality, physical desire or instincts. The second doubtful implication of the first sentence is that "the Negro family" is to be regarded as pathological, that is disturbed, abnormal, mentally ill. Again this corresponds with the content of the whole text. The standards, by which behaviour is judged, are the dominant norms and structures of white America, which are at least officially upheld by many people. And finally, observations made in Harlem are generally applied to "the Negro family". The implied general relevance of the statements, perhaps true for a large percentage of the black *ghetto* population, but even then not for every individual person, is impressed into the reader's mind throughout the text by the same linguistic means as in the first sentence: the combination [definite article + "Negro" + family/male/female (woman)] appears ten times, whereas the fact that the author is talking about the ghetto is mentioned only once (l.23), and expressions indicating at least some relativity are hardly to be found; "many" (l.31) and "the marginal young Negro" (l.37, 38) can be considered exceptions confirming the rule.

A closer look at the following passage reveals some of the assumptions the author's viewpoint is based on. He is obviously convinced for example, that male dominance is the normal pattern in a stable family. He does not question this pattern or the desire to conform to it, and it does not seem to occur to him that the existence of the psychological problems he mentions – inferiority complex, compensatory behaviour etc. – might be due to the very fact that these norms and values are imposed on the Negro community, and that they are taught to feel inferior for not conforming to the norm. (Another reason, which could be given, is of course social injustice and inequality.)

Later on, Clark mentions a number of fields black men have turned to, in his view in order to compensate for the impossibility to support their "normal desire for dominance" within the family. Certainly, there is no doubt that a number of black people are extremely successful in entertainment and sport. But the purely psychological explanation the author gives (cf. esp. l.13–15) is not adequate. Sports, music, show-business are areas where even today the American Dream can be realized, where much money can be made and where social mobility becomes possible for lower class people. That is why they are attractive for the underprivileged, and not only for blacks.

And what is more, most of the other ways of obtaining a higher social status – success in politics or economics for example – demand a high degree of assimilation, whereas blacks can rely on their specific talents and traditions when they compose, sing or play blues, soul, jazz, rap-music etc., or when they box, run, play basketball or football. The sport aspect can also be explained by the social background: blacks excel in those sports which many of them practised in the streets as children and adolescents. Perhaps physiological reasons cannot be excluded, but the display of “athletic prowess” (l.18), needed to compensate for “doubts concerning [. . .] personal adequacy” (l.13) is not altogether a suitable phrase for expressing this idea.

At the end of the first paragraph the author makes a statement which cannot be objected to: various surveys have in fact shown a considerable number of fatherless homes in the ghettos. And yet, again the particular psychological position of the black man, as it is seen by Clark, is far from being the only possible explanation. Poverty, unemployment and crime threaten love and affection among the members of any family – black or white. Drugs and alcohol sometimes bring about some personal relief, but they often drown understanding and care for others. These factors might be reasons for a number of coloured men leaving their families in the ghettos, but it should not be taken for granted that all deserted families are the result of a voluntary decision taken by the male. Some men are to be found in hospital or prison.

Clark concludes his description of the black family by pointing to the high rate of illegitimacy among young people, another fact which can doubtlessly be proved by official records. But his explanations for this fact is questionable: young black men imitate their fathers’ “unstable and temporary liaisons” (l.37). Probably for many young white people the first child is not illegitimate because they have a far better knowledge about birth-control, because it is easier for them to have access to various forms of contraception or even to legal abortion, or because they decide to marry as soon as they know that the female is pregnant. For poor blacks in the ghettos there is an important reason for not choosing the latter way: welfare payments can only be received by a woman with children if there is no male provider (perhaps another reason for fatherless families in the official statistics). Thus, a high illegitimacy rate does not necessarily mean that an individual frequently changes sexual partners, and many black men might well have a stable relationship with one woman and have children with her without being married.

Unterrichtsschritt 4:

The analysis of the text *The Negro Matriarchy* makes it quite clear that the female-dominated family has often been considered typical of black society, at least in the ghettos. If this idea is applied to Hansberry’s play, the following conclusion may be drawn:

At the beginning of the drama, Walter is a weak character, because he has no regard for other people’s interests and his reaction to a problem expresses itself several times through escapism or withdrawal. Mama, however, plays the dominant role; and this pattern corresponds not only to the characters’ dispositons, but, in the context of the Afro-American background, to a “typical” black family. Therefore, the fact that Mama hands over responsibility to Walter has a symbolic meaning: the family has renounced a black lower class pattern and assimilated to the dominant pattern in white society, which most American middle class Negroes do. Just like the dream of a better house in another area, the family structure can thus be connected with social mobility in the play.

10./11. Stunde: Africa and black identity

Didaktische Vorbemerkung

Mit der Doppelstunde über *Africa and black identity* beginnt die dritte Unterrichtssequenz, in der nun die Themen im Mittelpunkt stehen, die ausschließlich die Situation der Schwarzen Amerikas betreffen und nicht mehr zwischenmenschliche Beziehungen oder untere Schichten im allgemeinen.

Zu den zentralen Problembereichen zählt die äußerst schwierige Auseinandersetzung der Schwarzamerikaner mit ihrer afrikanischen Abstammung, ihrer Vergangenheit als Sklaven und dem Leben in einem Land, in dem die Weißen zahlenmäßig überlegen sind sowie die meisten Schlüsselpositionen besetzen.

Sämtliche bedeutenden schwarzamerikanischen Schriftsteller behandeln in ihren Werken die Schwierigkeit, in dieser besonderen Lage eine Position gegenüber der eigenen Bevölkerungsgruppe sowie gegenüber den weißen Amerikanern zu finden bzw. sich selbst zu definieren.

So führt auch Lorraine Hansberry einen Afrikaner in ihr Drama ein und zeigt in den Episoden, die sich um diese Figur entwickeln, welche Rolle Afrika bei der Identitätssuche der schwarzen Bevölkerung spielt. An den Reaktionen der einzelnen Charaktere auf Asagai und auf Beneathas Hinwendung zu Afrika wird beispielhaft verdeutlicht, auf welch verschiedenartige Weise die Situation als Afroamerikaner gesehen werden kann. Die Palette der Möglichkeiten reicht – in der Realität wie im Stück – vom Wunsch nach totaler Anpassung an das „weiße Amerika" bei bewußter oder unbewußter Verdrängung der Vergangenheit und Ablehnung der eigenen Wesenheit und Kultur bis zu einem euphorischen Bekenntnis zu Afrika als Heimat und Symbol für die zu behauptende Eigenständigkeit.

Hauptziel der Doppelstunde ist, diese Zusammenhänge bewußtzumachen und die verschiedenen Alternativen gründlich zu analysieren. Das Stück bietet die Möglichkeit dazu, ohne daß landeskundliche Texte einbezogen werden müßten. Das einzige Material, das wir außer dem Werk selbst vorschlagen, besteht in je einem Arbeitsblatt (vgl. S. 57 und Stundenblatt) pro Unterrichtsstunde.

Das erste weist auf langlebige, heute noch existierende Klischeevorstellungen über die schwarzen Amerikaner hin sowie auf die Folgen für deren Stellung in der Gesellschaft. Bevor die Einstellung der Figuren zu Afrika und ihrer Identität als Schwarze im einzelnen diskutiert wird, wird so den Schülern vor Augen geführt, wodurch die Identitätssuche im wesentlichen belastet ist. Der Glaube an das wilde, primitive, animalische Wesen der Schwarzen hat nämlich vielfach nicht nur deren Behandlung durch die Weißen bestimmt, sondern auch das Verhältnis der schwarzen Amerikaner zu sich selbst und der eigenen Bevölkerungsgruppe. Ein Miteinander im gegenseitigen Bewußtsein der Gleichwertigkeit und Gleichberechtigung wird durch das Fortbestehen solcher Klischeevorstellungen entscheidend beeinträchtigt.

Das zweite Arbeitsblatt betrifft Beneathas an einigen Stellen übertrieben wirkende Zuwendung zu Afrika, die in ähnlicher Weise von den Dichtern der sog. *Harlem Renaissance* in den zwanziger Jahren und manchen Schriftstellern und Politikern in den sechziger Jahren als Gegenentwurf zur weißen kulturellen Identität vertreten wurde. Durch den Arbeitsauftrag erkennen die Schüler, daß eine Reihe von persönlichen Gründen Beneathas Verhalten rechtfertigen. Gleich-

Zusatzmaterial zur 11./12. Stunde

Stereotypes about the Afro-American

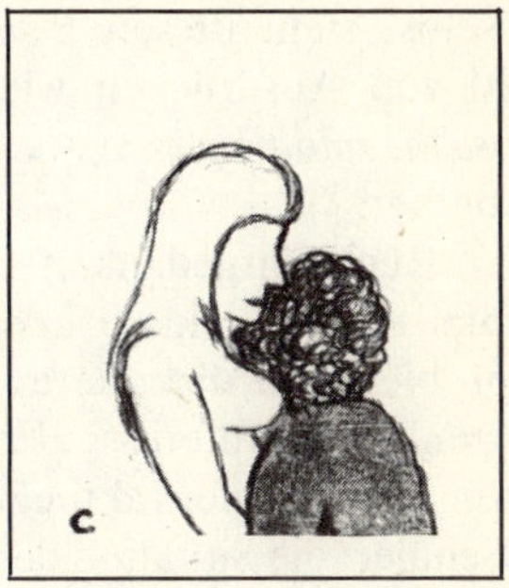

zeitig wird darauf hingedeutet, daß Beneathas Motive für den Entschluß, mit Asagai nach Afrika zu gehen, einerseits individueller Art sind, andererseits aber auch ein Bezug zur kollektiven Vergangenheit der Schwarzen besteht. Die Autorin selbst stellt diesen Bezug durch die Wahl von Ausdrücken wie *home, back across the middle passage* . . . (74/3, 8) eindeutig her.
Den Rückkehrgedanken anschließend ebenfalls als kollektive Lösung des Rassenproblems zu diskutieren, ist von landeskundlichem Interesse. Er hat jedoch in diesen Tagen einen aktuellen Bezug für die Schüler: die Situation der Gastarbeiter in der Bundesrepublik. Schließlich wurden sogar von offizieller Seite finanzielle Anreize für Bürger aus Nicht-EG-Staaten geschaffen, damit sie in ihre Heimat zurückkehren und den hiesigen Arbeitsmarkt in der augenblicklichen Krise entlasten. Wird dies zum Vergleich herangezogen, erscheint die zweite Frage des Arbeitsblattes den Schülern nicht mehr theoretisch und abstrakt.

Verlaufsskizze

Voraussetzungen

Als Hausaufgabe sollten sich die Schüler Gedanken machen über die Einstellung der einzelnen Figuren zu Afrika und versuchen, diese jeweils mit einem Begriff zu charakterisieren. Da sich dies weitgehend an der Textstelle 39/1–42/6 erarbeiten läßt, dient sie als Grundlage für die Überlegungen. Weitere kürzere Textstellen für die notwendigen Ergänzungen werden erst im Unterricht gelesen.

Unterrichtsschritt 1:
Africa as part of black identity

Als Einstieg in das Thema *Africa and black identity* eignet sich die Textstelle 31/2–31/7, da dort explizit eine Verbindung zwischen Afrika und Beneathas Identitätssuche hergestellt wird. Wenn sich die Schüler über den Zusammenhang zwischen Afrika und der Identität der schwarzen Amerikaner geäußert haben, wird der Begriff *Afro-American* eingeführt. Es können auch ganz knapp im Lehrervortrag einige Informationen über die Geschichte der Schwarzen gegeben werden (vgl. Inhalt der Stunde).

Unterrichtsschritt 2:
The Afro-American: some stereotypes

Das Arbeitsblatt *Stereotypes about the Afro-American* (vgl. S. 57) gibt visuelle Impulse zur Versprachlichung wesentlicher Klischeevorstellungen. Nachdem die Ergebnisse besprochen und vom Lehrer in einen historischen Zusammenhang gestellt wurden, können die Schüler zusammenfassend formulieren, warum die Identitätsfindung für viele Schwarzamerikaner ein nicht zu unterschätzendes Problem darstellt.

Unterrichtsschritt 3:
Different positions towards Afro-American past and black identity

Den Kern der Doppelstunde bildet die Herausarbeitung des Verhältnisses der einzelnen Figuren zu ihrer Situation als Afro-Amerikaner; die Ergebnisse werden schrittweise an der Tafel fixiert.
Zunächst stehen Mamas Ansichten im Mittelpunkt, welche sich aus der Passage 29/1–23 ergeben. Im Anschluß an die Lektüre der Stelle, die nicht in die Hausaufgabe eingeschlossen war, bringen die

Schüler Mamas Haltung in bezug auf ihre afrikanische Abstammung auf einen Begriff (z. B. *ignorance, naivety*) und überlegen, welche anderen Figuren im Stück eine ähnliche Einstellung zeigen (Ruth, evtl. Walter). Bei der Durchführung der Unterrichtseinheit entzündete sich in dem einen Kurs eine heftige Diskussion darüber, ob man Mama ihre Naivität vorwerfen solle oder nicht. Aufgrund dieser Erfahrung ist auf dem Stundenblatt als fakultativer Einschub vorgesehen, zum Abschluß des Unterrichtsschritts durch einen kurzen Arbeitsauftrag zu einer solchen Diskussion anzuregen.

Im Gegensatz zu Mama hat George Murchison eine fundierte Kenntnis über Afrika, lehnt es aber ab, sich damit zu identifizieren. Die Schüler schlagen wiederum vor, mit welchen Ausdrücken sein Verhalten charakterisiert werden könnte; in diesem Fall erfolgt das aufgrund der häuslichen Vorbereitung. Werden im Anschluß daran Begründungen für George Murchisons Verhalten zusammengetragen, so wird deutlich, daß sein Weg den vieler amerikanischer Schwarzer verkörpert, denen der Aufstieg in den Mittelstand gelungen ist.

Der nun folgende Teilschritt stellt der bewußten Anpassung an die dominierende Kultur samt ihren Werten und Idealen die vielleicht problematischere unbewußte Assimilierung gegenüber, die Hansberry durch Beneathas *conk* (vgl. Inhalt der Stunde) auf recht subtile Weise einbringt. Der Gedanke, daß auch Beneatha ihre Identität als Schwarze nicht völlig akzeptiert, mag den Schülern zunächst fernliegen. In diesem Fall ist nach einigen hinführenden Fragen die Lektüre und genaue Analyse der Textstelle 30/20–33 angebracht. Hier werden unbewußte Komplexe und Kompensationsmechanismen angesprochen, wie sie nicht selten in schwarzen Gettos zu beobachten sind.

Beneathas starke Identifizierung mit Afrika hingegen dürften die Schüler nach der häuslichen Vorbereitung des Beginns von II,3 benennen und mit Beispielen belegen können. Um zu Beneathas Verhalten Stellung zu beziehen, werden die Schüler aufgefordert, die Wirkung dieser Szene auf sie selbst bzw. mögliche Wirkungen auf den Zuschauer zu beschreiben und ihre Aussagen zu begründen.

Den Abschluß von Unterrichtsschritt 3 bildet der Versuch, weitere denkbare Haltungen der Schwarzamerikaner gegenüber Afrika zusammenzutragen.

Unterrichtsschritt 4:
Back-to-Africa, a solution?

Die für die 6. Stunde intensiv vorbereitete Diskussion zwischen Beneatha und Asagai zu Anfang des dritten Aktes endet mit Asagais Aufforderung, Beneatha solle mit ihm in das Land ihrer Vorväter zurückkehren (74/1–14), und gegen Ende des Stückes teilt sie der Familie den Beschluß mit, dies tatsächlich zu tun (82/11ff.). Mit diesem Vorhaben setzen sich die Schüler anhand des Arbeitsblattes *Back-to-Africa* (vgl. Stundenblatt) auseinander. Die Auswertung im Unterrichtsgespräch führt zur Vervollständigung des Tafelanschriebs.

Unterrichtsschritt 5:
Summary: Hansberry's intention

Zum Abschluß der Doppelstunde sollen die Schüler noch einmal alle angesprochenen Einstellungen der Figuren zu Afrika nennen, um dann in einem offenen Unterrichtsgespräch zu einer abschließenden Bewertung der verschiedenen Haltungen und einer Interpretation der Absicht der Autorin zu kommen.

Erweiterungsmöglichkeit

- Schülerreferat über Harriet Beecher Stowes Roman *Uncle Tom's Cabin*

Zum Inhalt der Doppelstunde

Unterrichtsschritt 1:

Beneatha is the type of person who does not simply adopt traditional values and behaviour, but analyzes them and tries to find her own personal way in life. As a result, she questions religion, marriage, art etc., and she thinks about the problem of her past. This does not only consist of her individual family background, but also of the collective experience of the black race, which includes Africa and slavery. After all, the Negroes in America are descendants of those Africans brought to the country for 200 years to work as slaves on the white man's plantations.

From 1619 to 1808 slaves were shipped from West Africa to the West Indies for training or directly to the U.S. This voyage, during which the slaves lay chained and packed like sardines below deck, was called "the middle passage" (cf. play 74/8). The final abolition of slavery took place after the Civil War (1861–65), but racial segregation continued, esp. in the South; and in the North equality in the eyes of the law did not mean equal opportunities to achieve wealth and power either.

Unterrichtsschritt 2:

The pictures on the worksheet reflect the main stereotypes of the Afro-Americans, widely accepted since the African slaves were brought to the U.S.

For a long time the image of the uncivilized "ape" or "brute" (animal-like or cruel person) was common among most white slaveholders. Derived from the blacks' African origin, the idea served to justify the inhuman treatment of these people: They were branded like cattle to mark ownership, they were whipped, the women were used as sexual objects, children were separated from their parents by sale... If the blacks had not been declared animals, non-human beings, it would not have been so easy to exclude them from the application of the American Declaration of Independence of 1776, which claims equality for all humans.

The idea that Negroes were sexually irresponsible existed alongside the image of the brute. Nudity and polygamy in Africa were regarded as evidence of this, as were family separations during the period of slavery – although the families were split up by the white masters!

Towards the end of slavery the stereotype of the childlike, patient, docile black (also called "Sambo" and "Noble Savage") became more and more prominent. Some paternalistic slave-holders and most abolitionists maintained that these good-natured children had to be treated kindly. This image is also reflected in Harriet Beecher Stowe's novel *Uncle Tom's Cabin*, which was very popular during and after the period of slavery and which strongly supported anti-slavery sympathies in the North. Uncle Tom is an ideal Christian, with a simple faith, a natural religion of the heart, and he is an affectionate servant (cf. also play 41/16, 17, annotation on p. 41 and Unterrichtsschritt 3c). The funny little darky, who appears in many plays and novels, is to be seen in the same light.

History seems to have proved the justification of the dominant stereotypes of black Americans. On the one hand, differences in professional career (more blacks in lower jobs, fewer in responsible positions) can easily be seen as the natural consequence of their servile character and inferior ability. On the other hand, ghetto criminality, a high illegitimacy rate, broken families etc. can be interpreted as signs of a brutal character, for whom

fighting and sexuality play a major role.
Thus, black history seems to be marked by a continuous inferiority to the white man: descendants of an uncivilized people, oppression in slavery without any successful resistance, unequal opportunities today – not surprising that many blacks do feel inferior and believe that there is no use in fighting for equality, or that some of them reverse racism and regard the white man as diabolic, as did for example the radical "Nation of Islam" in the sixties.
This organisation, of which the well-known black leader Malcolm X was a member for some time, was ruled by a person called Elijah Muhammed, who held the following theory about the origin of the white race: Muhammed believed that the first human was a black African created by Allah, whereas the white race was developed by an evil scientist as a race of devils that would dominate the world for some time but would perish in the near future. Then the good coloured people would have the opportunity to save and rule the world.

Unterrichtsschritt 3:

a) *Ignorance*
Mama's position towards Africa (described 29/1–23) can be summed up by the term "ignorance". She does not seem to be affected by the image of the native savages used in many films as a contrast to the white heroes (as Beneatha fears), but she donates money for missionary work, not to provide funds for hospitals or schools but to "help save people", that is to save the poor heathens from damnation. That these poor heathens might have a different culture and religion perhaps more suitable to their way of life does not occur to her. In Beneatha's eyes converting the African people to Christianity is a form of spiritual colonialism.
Yet Mama's ignorance about Africa does not affect her own self-esteem. She does not seem to have the slightest idea that these people are connected with her own heritage. Nor does it prejudice her against Asagai: When he arrives, she shows, by more or less repeating Beneatha's words (32/15–22), that she has openly received the information and is willing to accept Asagai as an equal, as a person worth just as much as anyone else.

b) *Conscious rejection*

George Murchison says two different things about Africa. On the one hand he gives a number of examples of great ancient cultures, on the other hand he arrives at a very pejorative summary of what is left of these cultures.
His speech touches a delicate question in the interpretation of the American Negroes' African heritage. It was an important step forward in destroying the image of a culturally rootless people, when historians discovered periods in West African history with great empires and far-ranging intellectual activity. The best-known example is the city of Timbuktu in the Songhay Empire, which was the intellectual centre of Africa. During the Moorish occupation the rich university library was lost and the conditions in the whole empire declined to such an extent, that the European colonists found nothing that seemed to be of any worth to them. However, given the evidence of centuries of black subordination to white people in the recent past such a discovery can only be seen as a drop in the ocean.
The explanation for George Murchison's vigorous rejection of his African heritage probably lies in the fact that his family has

succeeded in making their way in white American society. They have achieved some wealth and a certain social status, and George wants to be recognized as a full member of American society. That is why he refuses to take Beneatha to the theatre in her African dress; not only would they display an affirmation of their African background, but they would be noticed, they would not conform to common practice. A further sign of his wish to deny his racial background is his indignation at Walter wanting to embrace him as his "Black Brother" (40/24–27).

c) *Unconscious rejection*
The slogan "Black is beautiful", well-known since the so-called "Harlem Renaissance" in the twenties, was meant to improve the Negroes' self-esteem, because self-hatred leads to aggression or ridiculous attempts to imitate white people rather than to an active struggle for equality. The autobiography of Malcolm X describes how ghetto blacks strive to possess a large car (esp. a Cadillac) and a white sexual partner, and how they straighten their hair with chemical products, just as Beneatha does with her hair because it is too "raw" for her. In a society where the desirable woman smiling broadly to advertise a beauty product often has long blond hair, the "conk" seems at least slightly closer to the ideal than untreated curly hair. (The term "conk" is mentioned later on in the play, when Walter describes one of the musicians in the "Green Hall" [52/4]; it is also explained in the annotations.)
Asagai condemns such attempts to deny specific black characteristics as "assimilationism" (31/13), a term used again by Beneatha to blame George Murchison for his refusal to affirm his black identity (41/14). Another expression which occurs in the play is "Uncle Tom", after Harriet Beecher Stowe's *Uncle Tom's Cabin* (cf. same chapter, Unterrichtsschritt 2).

d) *Acceptance*
Beneatha is deeply hurt when Asagai points out that her hair-style can be interpreted as an imitation of white appearances because her conscious position is completely opposed to such an attitude. She is eager to define her identity as a black person and willing to accept the collective past of her race as part of her identity. Her happiness at the Nigerian dress and the African record Asagai gives her, proves her acceptance of her roots as well as the fact that she allows him to call her by the name "Alaiyo", a word of tribal origin implying that she aspires to more than the simple satisfaction of her physical needs (33/1–16).
The symbolic use of a name is not Asagai's invention but an old African tradition. Alex Haley's novel *Roots,* based on years of research, gives a detailed description of a typical name-giving-ceremony, which has the function of integrating the child into the tribe and influencing his future destiny, "for the people of his tribe – the Mandinkas – believed that a child would develop seven of the characteristics of whomever or whatever he was named for" (Roots, p. 10). During the period of slavery the Afroamericans were given their owner's family name and when they were sold they had to change their name. As an open protest against such disregard for the worth of the black family the black individual Malcolm Little refused to bear a white man's name any longer and called himself Malcolm X. Thus the association of name and identity in Hansberry's drama is more than a traditional literary device. It is in line with the important role names have played in the Afro-American experience.

At the beginning of II,1 Beneatha, about to go out with George, enters the living-room wearing her Nigerian dress and turns off the radio, which is playing some blues – a type of music incorporating elements of African and white American traditions. Instead she puts on Asagai's African record and starts performing an ecstatic dance. Walter, a little drunk after Mama's decision against the liquor store, immediately joins. All conflicts and quarrels between him and Beneatha seem to be dissolved through the unifying power of the common return to their roots. And yet their proud and wild journey "back to the past" (39/15; 40/10) must appear quite ridiculous to the spectator. The whole scene has more of a folkloristic touch, rather than convincing anyone of the value of the blacks' African tradition. So the total lack of understanding on Ruth's side (40/27–30) – Travis has shown a similar reaction when seeing Beneatha in her dress (33/29) – will most likely be shared by the spectator. After all, neither Beneatha nor Walter are Africans. The long process of acculturation, which their race has gone through in the U.S. has conditioned them much more than their African origin.

A possible alternative to this emotional, immature attitude towards Africa is indicated by Asagai (p.73): solidarity with today's African people. During the sixties, when some of the African states were still fighting for their independence (Nigeria was British up to 1960) it was common among black political leaders and black writers to identify themselves with their African brothers. In colonial Africa the white people had implemented their political authority, their institutions and economic interests and as far as possible their values and beliefs. Thus both people suffered from white oppression and unequal opportunities.

Another possibility would be to regard Afro-American identity and Afro-American tradition as the result of a bicultural socialization, to recognize the valuable contribution of African traditions esp. to black oral culture, instead of feeling inferior on account of these ancestors, but also not to forget that pride in the African past is not enough to improve the blacks' present circumstances.

Unterrichtsschritt 4:

For Beneatha accompanying Asagai to Africa might be a positive solution to her financial problems after Walter's betrayal and her subsequent apathy. She loves Asagai (cf. 30/1–9, where she manifests her happiness about his return), although she resents his attitude towards sexuality and wants to be really loved instead of only physically desired. (In 31/25–32/9 Asagai shows a somewhat chauvinistic attitude, whereas Beneatha adheres to traditional ideas about love and fidelity.) Asagai's return to Africa presents her with a real chance of leaving the ghetto and of being a doctor in a country where they are really needed.

In addition, she will have the possibility of "being natural" (cf. 41/9), of openly showing that she identifies with African tradition and culture, although the danger of disappointment should not be forgotten, for she will be as much a foreigner there as she is in the U.S.

Thus, within the plot of this particular drama, returning to Africa is, for one of the characters, a suitable alternative to the life in the States. But this should not lead to the conclusion that leaving the country would be an equally adequate collective solution to racial problems in the U.S.A., as it has been suggested by various movements in the past. For one thing it would simply not be feasible given the number of blacks living there. Moreover, in spite of racial conflicts, many of them have mixed with other races in the course of the centuries, and they have also been influenced by white America (just as they have influenced white American culture!) Africa is just one element of their socialization as are slavery, urbanization, racial discrimination, poverty and crime in the ghettos – all of which sometimes lead to self-hatred – but also to movements fighting for equal opportunities, slow progress and better integration into American society esp. of a growing black middle class.

Unterrichtsschritt 5:

In her drama, Hansberry shows various attitudes of black individuals towards their past, none of which seem to be presented as the ideal solution. This is probably because her main intention is to highlight the fact that their collective past may present an additional burden on her race on top of poverty and racial discrimination and that they have to find a way of coping with it. But the range of attitudes in the play also gives an indication that all generalizations should be carefully considered and that "the black race" consists of a large number of different individuals.

12. Stunde: The Younger family's confrontation with racial prejudice

Didaktische Vorbemerkung

Mit Lindners Erscheinen wird der Konflikt zwischen den beiden Rassen zum zentralen Thema. Während sich das Geschehen bisher auf die Welt der Schwarzen konzentrierte und den Versuch der Schwarzen zeigte, sich innerhalb dieser Welt mit den bestehenden Problemen auseinanderzusetzen, kommt es nun zu einer Konfrontation mit der Welt der Weißen. In dieser Stunde wird zunächst auf die große Bedeutung des Konflikts zwischen Schwarz und Weiß eingegangen; anschließend soll diese Zusatzinformation wieder zum Stück selbst zurückführen.

In einem kurzen historischen Abriß wird zunächst erläutert, in welchem Ausmaß die Rassenfrage den Gang der amerikanischen Geschichte beeinflußt hat: nahezu alle großen historischen Konflikte haben sich daraus ergeben. In dieser Zusammenfassung sollte deutlich werden, daß sich der Norden in seiner Haltung beträchtlich von der Auffassung im Süden unterschied, bedingt durch die unterschiedliche gesellschaftliche und wirtschaftliche Struktur. Die Darstellung der geschichtlichen Ereignisse soll die Zeit bis etwa 1950 umfassen (d. h. noch nicht auf die Civil Rights Movement eingehen) – also bis zur Entstehungszeit von *A Raisin in the Sun*. Damit bietet es sich an, wieder zum Stück zurückzukehren, um zu untersuchen, wie L. Hansberry die Situation zu dieser Zeit darstellt.

Der historische Abriß kann vom Lehrer vorgetragen werden, er kann jedoch auch als Schülerreferat vorbereitet werden; die wichtigsten Punkte sollten dabei auf einer Hektographie zusammengestellt und an die Schüler ausgegeben werden.

Im zweiten Teil der Stunde steht die Reaktion der Familie auf diesen „feindlichen" Angriff aus der Welt der Weißen im Mittelpunkt. Dabei wird deutlich, daß die „Stimmung" innerhalb der Familie zunächst von der materiellen Sicherheit abhängig ist: mit dem Bewußtsein der finanziellen Sicherheit scheint ihnen ein Aufbegehren gegen die Weißen möglich. Sie weisen das Angebot Lindners stolz und

entrüstet zurück. Sobald aber dieses Gefühl der finanziellen Sicherheit nicht mehr vorhanden ist, macht sich Resignation breit: der Kampf gegen die Weißen ist in dem Moment von vornherein aussichtslos. Hätte L. Hansberry das Stück mit dieser Reaktion (Resignation) enden lassen, wäre der Beweis dafür erbracht, daß sich die Lage der Schwarzen nicht geändert hat, sie nach wie vor unterdrückt und diskriminiert werden. Doch die Autorin hat sich für einen versöhnlicheren, hoffnungsvolleren Schluß entschieden; es wird angedeutet, daß eine Änderung zum Besseren möglich ist, auch ohne materielle Absicherung. Die Familie Younger besinnt sich nun auf andere Werte, die ihnen die Kraft geben, es mit einer ihr feindlich gesinnten Umgebung aufzunehmen.
Entscheidende Bedeutung kommt an dieser Stelle dem Motiv zu, das ihrer Entscheidung zugrunde liegt. Es ist nicht die Absicht der Familie, gegen die Rassendiskriminierung aufzubegehren und eine bewußte politische Aktion für eine Emanzipation der Schwarzen in die Wege zu leiten. Sie werden geleitet von dem verzweifelten Wunsch nach persönlichem Glück, nach der Verwirklichung ihrer Träume. Damit wird auch klar, daß die Familie Younger nicht als Vorkämpfer der Civil Rights Movement anzusehen ist. Diese Erkenntnis sollte für eine kritische Wertung des Stückes unbedingt berücksichtigt werden.

Verlaufsskizze

Voraussetzungen

Die Schüler haben den Text 57/27–61/34 vorbereitet und sich mit Lindners Charakter auseinandergesetzt.

Unterrichtsschritt 1:
The racial problem – historical outline

Als Einstieg trägt der Lehrer einen 'Black Joke' vor:

A State trooper driving along a back road sees a car pulled up on the shoulder and a little way off, in a field, there's a white man shoveling dirt into a big hole.
The trooper goes over and asks:
"Whacha doin', man?"
The white man says, "I'm burying some nigras I run over by accident!"
"Too bad," says the trooper. "I'm gonna have to report this. How many of them were there?"
"Four", says the man.
"Was they all dead?"
"Well," says the man, and he's still shoveling dirt, "one of them claimed he wasn't but you know how them nigras is all the time lying."
(Taken from *Growing up Black in America,* by Peter Freese, Schöningh; p. 26)

Durch diese Konfrontation der Schüler mit Rassenvorurteilen wird das Thema der Stunde, die Beziehung zwischen Schwarz und Weiß, vorgestellt. Die Frage nach dem Ereignis im Drama, das diese Problematik deutlich zu Tage treten läßt, stellt den Bezug zum Stück her und ermöglicht gleichzeitig eine Überprüfung des Textverständnisses der Schüler. Im anschließenden Unterrichtsgespräch wird nochmals als Wiederholung an die Erkenntnisse der 10./11. Stunde (Bewältigung der Gegenwart durch Auseinandersetzung mit der Vergangenheit) angeknüpft. Die Schüler sollen zusammenfassen, warum die Vergangenheit so wichtig für die gegenwärtige Situation ist. Darüber hinaus sollte auch gezeigt werden, daß der Konflikt zwischen den Rassen den Gang der amerikanischen Geschichte entscheidend beeinflußt hat.
Ein historischer Abriß, der die Ereignisse und Entwicklung der Rassenproblematik bis ca. 1950 verfolgt, bringt den Schülern die nötige Hintergrundinformation (Leh-

Hektographie zur 13. Stunde

The Negro Problem – Historical Outline

Negro slaves were imported from 1619 until 1808 (when slave trade was prohibited by provision of the Constitution): but slavery itself was abolished by that time only in the *Northern* states.

I. Causes for the differences between North/South:

Structure

Northern colonies: poor soil, hilly terrain didn't favour large plantations with hired/slave labour.
Normal social pattern: democratic community of independent small farmers and tradesmen.
→ shipping/mercantile aristocracy (with influence on American politics with the development of banking and manufacture and land speculation).

Middle Atlantic colonies: balance between farming (middle-sized farms), trade, industry.

Southern colonies: aristocratic society (supported by slave labour) on large plantations → self-sufficiency of the plantations.

II. Decisive conflicts

– *War of Independence* (1775–83)
A conflict with the British Parliament led to the War of Independence.
Results: Declaration of Independence on July 4, 1776
New England states and Middle colonies abolished slavery. The American Constitution came into force in 1789.

– *Civil War* (War of Secession) 1861–65
Causes: economic servitude of the South
slavery issue

Abraham Lincoln (abolitionist) was elected President in 1860. → Violent anti-slavery agitation in the North and fear in the Southern states that their economic and social system (which was dependent on slave labour) was to be destroyed, brought about the secession of the Southern states. The Civil War (Union of Northern States vs. Southern Confederacy) ended with a victory for the North.

– *Reconstruction Period*
A policy of revenge was adopted by Congress which has cast a shadow over the relation between North and South ever since.

a) Negroes were given citizenship and the right to vote.
Southern participants in the 'rebellion' were barred from state and federal offices.
Former slave owners had no claim for payment of compensation of freed slaves.

Military occupation of the South
→ The Ku Klux Klan was founded.

b) After the withdrawal of the occupation troops (1877), the whites regained power: → literacy and property tests legalized the disenfranchisement of Negroes (tolerated by the federal government.)

Until recently, in the South, Negroes were barred from white schools, hotels, restaurants, movies, churches; marriages between whites and Negroes were forbidden.

Nach Roswitha Siepert, The Student's Companion to the USA, München: Hueber-Verlag

rervortrag oder Schülerreferat). Die wichtigsten Punkte werden dann, auf einer Hektographie zusammengefaßt, an die Schüler ausgegeben (vgl. S. 66f.).

Unterrichtsschritt 2:
Racial discrimination in the play

Nach einer kurzen Überleitung zum Stück erfolgt eine Charakterisierung Lindners im fragend-entwickelnden Verfahren, dabei wird die Hausaufgabe miteinbezogen. Zunächst kann vom Lehrer eine Globalfrage gestellt werden, die dann weiter differenziert wird. Als Ergebnis sollte klar zum Ausdruck kommen, daß Lindner nicht als „Bösewicht" dargestellt wird.

Unterrichtsschritt 3:
The Younger family's reaction

In Stillarbeit lesen nun die Schüler arbeitsteilig zwei Textstellen durch, wobei sie die Reaktion der Familie auf Lindners Angebot jeweils in Beziehung zur materiellen Situation untersuchen sollen. Die Auswertung erfolgt im Anschluß daran mit Tafelanschrieb (Teil 1).
Die erste Stelle setzt ein nach Lindners Auftritt, als Mama ahnungslos zurückkommt und ihre Kinder zwar aufgebracht, aber auch in einer übermütigen Stimmung vorfindet. Sie sind bereit, für ihr Glück zu kämpfen (62/1–64/5). Dem wird Walters Bitterkeit und Verzweiflung gegenübergestellt, die noch ergänzt werden durch Beneathas Verachtung gegenüber ihrem Bruder, als sich herausstellt, daß die Familie ihre finanzielle Sicherheit verloren hat (75/15–79/23).
Dann wird eine weitere Passage gemeinsam gelesen: Walters Entscheidung gegen Lindners Angebot, für die Ehre und den Stolz der Familie am Ende des Stücks (79/30–81/16). Auch hier wird die Reaktion der Familie festgestellt (TA, 2. Teil).

Unterrichtsschritt 4:
Evaluation of the ending

Die Reaktion der Familie, die eben an der Tafel festgehalten wurde, wird nun kommentiert. Das Motiv, das sie veranlaßt, den Umzug zu wagen, soll von den Schülern diskutiert und bewertet werden.
Besonders wichtig ist dabei die Frage, ob dieses Verhalten zur Lösung des Problems beiträgt. Es sollte deutlich werden, daß die Familie nicht aus prinzipiellen Überlegungen heraus handelt, sondern aus ganz persönlichen Gründen. Sie will ihr Glück und ihre Träume verwirklichen. Diese Erkenntnis schafft dann den Bezug zur folgenden Stunde, in der politische Lösungsmöglichkeiten zur Sprache kommen.

Erweiterungsmöglichkeiten:

- Diskussion über jegliche Arten von Vorurteilen: die Schüler sammeln Beispiele, versuchen, Ursachen der Vorurteile zu ergründen.
- Es wird auf andere unterdrückte Minderheiten Bezug genommen (in Amerika und anderswo). Dabei könnten z. B. Texte aus den *Topical Texts 11 (The American Indian)* und *21 (Jewish Americans)* Klett-Verlag, als Diskussionsgrundlage dienen.
- Kurzgeschichte zum Thema Rassenprobleme, z. B. aus *Stories from the Black Experience,* Klett-Verlag.

Zum Inhalt der Stunde

Unterrichtsschritt 1:

So far, the importance that has been attached to the past has been justified by the positive effects on the individual black person (cf. lesson 10/11). Moreover, it does not only concern the black race – for it has influenced the lives of both blacks and whites, as well as American history, ever since. The importation of Negro slaves widened the gap between the North and the South and finally led to the Civil War. Ever since then attempts have been made to solve the conflict, but until recently, in the South, Negroes were barred from white schools, hotels, restaurants, cinemas, churches; and marriages between whites and Negroes were forbidden.
And in the late 1950s, when L. Hansberry wrote her drama, the problem had not been solved.

Unterrichtsschritt 2:

From the very moment Lindner, the only white character, intrudes into the world of the Younger family, the focus of interest shifts from the psychological and social aspects to the racial aspect. His appearance, at a moment of exuberance and blissful joy, marks the turning point of the drama.
Lindner is a gentle and thoughtful, quiet-looking, middle-aged man who, for some reason, seems to be slightly embarrassed or upset: he repeats phrases like "uh", "well", again and again (58/10; 14; 19; 31, etc.), does not know how to start, and finally introduces himself as the "chairman of the welcoming committee". The irony of this term becomes apparent a few minutes later when he comes to the point: he has to tell the family that they are not welcome in their new neighbourhood and asks them to sell the house. Once he has made his point, he tries to convince his listeners with an elaborate speech, addressing them as "a nice family of folks" (60/14), and talking about "the other fellow's problem" (60/9), of the "other guy's problem" (60/10), of "caring about the other fellow" (60/13). According to his words, this matter has nothing to do with racial prejudice, and that it is only natural for people with a common cultural background to keep together. So once again a different cultural background serves as an excuse and justification for racial discrimination, with the implication that this gap will prevent the two races from ever living peacefully together as one community. Beneatha's words sum up the essence of his speech: "He talked Brotherhood. He said everybody ought to learn how to sit down and hate each other with good Christian fellowship." (62/30–32)
It is difficult for the reader/spectator to judge Mr Lindner's character. He is introduced as a rather pleasant man who obviously does not relish his mission (61/27), but is simply fulfilling his duty as the

chairman of the Clybourne Park Committee. There is even some evidence that he dislikes some "elements" (61/23) – as he calls some of the people living there – and when he leaves it is "almost sadly" (61/30). This discrepancy between his character and his role intensifies the whole matter; his offer seems even more impertinent.
As Lorraine Hansberry wrote in a letter to a theatre-goer, she deliberately treated Lindner as a human being, but "that does not make the meaning of his call less malignant, less sick." (repr. in *A Raisin in the Sun*, p. 89)

Unterrichtsschritt 3:

Lindner disrupts the Younger family's dreams and deals them a heavy blow. The moment they become aware of the real meaning of his visit they are deeply hurt. Again it is Beneatha who first understands the message (58/30, 59/9), whereas Ruth is deceived by Lindner's friendly words and polite manners. It is Walter's duty to react to such an insult: he "throws" Lindner out of his house "Hostility" and "stinging hatred" can be seen in all their faces, and for a moment they are dumbfounded. Mama's appearance helps them overcome the shock and even make fun of it (62/8; 13; 14). The whole incident is pushed aside the next minute, when they hand the present to Mama. They are all seized by a feeling of strength and confidence, which is emphasized by Walter singing a spiritual (73/25, cf. lesson 8, religion).
The family's confidence is suddenly shattered when they hear about the loss of the rest of the money; now hopelessness and despair prevail. Even Mama who was the first to have the idea of moving is now the first to give in (75/30): Instead of moving she tries to make the family believe that the old flat is not too bad after all. (But the stage directions describe her real feelings, it is only a "false cheerfulness" (75/23) Mama's disappointment at Walter's betrayal – not only of herself but, even worse, of his father – manifests itself in helplessness.
As Walter's loss of control and his desperate and bitter words reveal, he has been hurt so deeply that all his strength and pride have gone. He no longer believes in justice but has come to the conclusion that "there ain't nothing but taking in this world, and he who takes most is smartest . . ." (77/21). Now he is willing to humiliate himself and his family by selling the house to Lindner. Although the others are shocked at his loss of pride they accept his decision, as he is the head of the family.
Such a reaction suggests that the blacks' dreams will not be realized – unless they possess money. Material security allows them to be proud, poverty forces them to be submissive and servile.
But this is not L. Hansberry's message, for in the end we are confronted with a character who has recognized that spiritual values (pride and self-esteem) are more important than material values. Walter "finally came into his manhood" (83/5), in Mama's words, and refuses Lindner's offer. In the end, despite the lack of material security, pride and hope prevail.

Unterrichtsschritt 4:

From the very beginning of the drama the Younger family's situation and their dream of leaving the ghetto have been of central attention; the discussion concentrated at first on the psychological aspect and then gradually shifted to the racial problem. The dream seems to melt away in the face of racial prejudice. Yet, in the

end, the family decides to move in spite of all the difficulties. But it is not their intention to make a stand against racial discrimination by moving into a white neighbourhood in order to challenge the whites. On the contrary, they are willing to avoid any confrontation and to adapt to their new environment (81/12ff.). If this is the case, L. Hansberry's play does not make any contribution towards a solution to the problem; selfishness prevails over "common weal" and suffocates any attempt to fight for equality and against discrimination.
On the other hand, Walter's pride in his ancestors suggests that another motive also exists. It might be the starting point for his search for identity, which is, according to the play, a basic and essential element in order to achieve progress.
In the final scene we are confronted with a family that is optimistic and happy. Walter has overcome his crisis by "coming into his manhood" (82/5), and the family's righteousness is rewarded.
But although these are elements of a "happy ending", another aspect has to be taken into consideration. The play ends with the Youngers' moving, but gives no further information about their new start. It is left to the reader/spectator to think about the consequences – about the difficulties they will probably have to face with their new neighbours, or about the financial problems which may arise. This "open" ending with its uncertainty about the future adds to the optimism of the "happy" ending and makes the play more realistic.

13. Stunde: Black movements

Didaktische Vorbemerkung

Wie die abschließende Diskussion der 12. Stunde gezeigt hat, bringt L. Hansberrys Stück keinen politischen Vorschlag zur Lösung des Rassenproblems. Die Familie beschließt zwar, gegen den Willen der Weißen zu handeln, jedoch nicht aus grundsätzlichen Überlegungen, sondern um ihre eigenen Interessen zu verwirklichen. Lorraine Hansberrys Lösungsvorschlag bleibt damit auf der individuellen Ebene.
Diesem Verhalten werden nun Reaktionen auf der politischen Ebene entgegengestellt, dabei sollen auch die unterschiedlichen Richtungen und Zielsetzungen der amerikanischen Bürgerrechtsbewegung angesprochen werden.
Im ersten Teil der Stunde wird der Frage nachgegangen, welche Möglichkeiten dem Individuum gegeben sind, seine Interessen durchzusetzen. Den Ausgangspunkt des Unterrichtsgesprächs bilden Walters und Asagais unterschiedliche Positionen und Strategien.
Mit den politischen Lösungsvorschlägen im zweiten Teil der Stunde lernt der Schüler wieder einen wichtigen Abschnitt der amerikanischen Geschichte kennen. Zwei konträre Textstellen werden einander gegenübergestellt: M. Luther Kings Rede *I have a dream* (Modern Life, Rev. Edition, p. 101), in der ein friedliches Neben- und Miteinander von Schwarzen und Weißen gefordert wird, und St. Carmichaels Text *Black Power* (vgl. S. 72f.), der eine radikale Trennung der weißen und schwarzen Bevölkerung fordert, notfalls auch unter Einsatz von Gewalt. Kings Rede soll zur Abwechslung über Kassettenrecorder den Schülern vorgespielt wer-

den. Da der zweite Text von Carmichael sprachlich und inhaltlich einige Schwierigkeiten bietet, wird vorausgesetzt, daß die Schüler ihn zuhause bereits durchgearbeitet haben.
An dieser Stelle können dann grundsätzliche Probleme – Einsatz und Rechtfertigung von Gewalt – erörtert werden.

Verlaufsskizze

Voraussetzungen

Der Text *Black Power* von Stokeley Carmichael wurde von den Schülern zuhause vorbereitet.

Unterrichtsschritt 1:
Individual and political solutions of the problem

Der Einstieg erfolgt mit einem Rückgriff auf die *Money*-Stunde: Die Schüler sollen sich nochmals zwei vom Lehrer kurz vorgetragene und im Unterricht bereits interpretierte Passagen vergegenwärtigen, die Walters und Asagais unterschiedliche Positionen offenlegen. Für Walter ist Geld allein das einzige wirkungsvolle Mittel, seine Träume zu verwirklichen. Es hat seiner Meinung nach keinen Sinn, sich idealistisch als einzelner für eine Sache einzusetzen, sich gar zu opfern, oder sich gegen ein Unrecht zur Wehr zu setzen (77/16–20). Asagai dagegen ist als Idealist bereit, für seine Überzeugung zu kämpfen und, um des Fortschritts willen, sogar zu sterben (73/19–25).
Mit der Frage, wie Leute ihre Interessen durchsetzen und den Lauf der Dinge beeinflussen können, sollen die Schüler die verschiedenen Möglichkeiten und Wege überlegen und zusammentragen – auch als Vorbereitung für den zweiten Unterrichtsschritt. Wichtig ist, daß die Schüler neben den Aktivitäten auf der politischen Ebene auch die Literatur als Mittel erkennen, Veränderungen zu bewirken.
Schließlich sollen die Schüler Vermutungen äußern, welche allgemeinen Umstände den Erfolg des Dramas von L. Hansberry bedingt haben könnten. Die Erkenntnis, daß es sich um ein „harmloses“ Stück handelt, das in seiner Aussage niemanden verletzten will, sondern die Möglichkeit einer friedlichen Koexistenz von Schwarzen und Weißen andeutet, schließt den Unterrichtsschritt ab.

Unterrichtsschritt 2:
Political solutions

Als erster politischer Lösungsansatz wird den Schülern die Rede M. Luther Kings vorgespielt. Vor dem Abspielen werden die für die Interpretation wesentlichen Fragen gestellt (entweder mündlich formuliert oder auf einer Folie festgehalten): Worin besteht der Traum? Welche Lösungen werden vorgeschlagen? Die Rede kann auch als Text bearbeitet werden, falls die Cassette nicht zur Hand ist. Das Ergebnis wird dann als TA 1 an die Tafel gebracht.
M. L. Kings Forderung nach Integration auf der Basis von Gewaltlosigkeit wird jetzt der Text von Stokeley Carmichael gegenübergestellt. Da der Text zu Hause bereits vorbereitet wurde, kann sofort zur inhaltlichen Analyse übergegangen werden, wobei die konträre Position, die Carmichael mit seiner Forderung nach radikaler Trennung von Schwarzen und Weißen unter Einsatz von Gewalt bezieht, deutlich wird. Als Orientierungshilfe für die Schüler werden die (im Stundenblatt aufgeführten) Fragen auf einem Arbeitsblatt zusammengestellt und an die Schüler ausgegeben. Sie sollen stichwortartig die wesentlichen Probleme der Schwarzen zusammenfassen, Carmichaels Vorstellun-

Zusatztext zur 13. Stunde

Black Power

An organization which claims to speak for the needs of a community – as does the Student Non-violent Coordinating Committee (SNCC) – must speak in the tone of that Community, not as somebody else's buffer zone. This is the significance of black power as a slogan. For once, black people are going to use the words they want to use – not just the words whites want to hear. And they will do this no matter how often the press tries to stop the use of the slogan by equating it with racism or separatism.

An organization which claims to be working for the needs of a community – as SNCC does – must work to provide that community with a position of strength from which to make its voice heard. This is the significance of black power beyond the slogan.

Black power can be clearly defined for those who do not attach the fears of white America to their questions about it. We should begin with the basic fact that black Americans have two problems: they are poor and they are black. All other problems arise from this two-sided reality: lack of education, the so-called apathy of black men. Any program to end racism must address itself to that double reality.

Almost from its beginning, SNCC sought to address itself to both conditions with a program aimed at winning political power for impoverished Southern blacks. We had to begin with politics because black Americans are propertyless people in a country where property is valued above all. We had to work for power, because this country does not function by morality, love, and non-violence, but by power. Thus we determined to win political power, with the idea of moving on from there into activity that would have economic effects. With power, the masses could make or participate in making the decisions which govern their destinies, and thus create basic changes in their day-to-day lives.

Black people do not want to 'take over' this country. They don't want to 'get Whitey'; they just want to get him off their backs, as the saying goes. It was, for example, the exploitation by Jewish landlords and merchants which first created black resentment towards Jews – not Judaism. The white man is irrelevant to blacks, except as an oppressive force. Blacks want to be in his place, yes, but not in order to terrorize and lynch and starve him. They want to be in his place because that is where a decent life can be had.

But our vision is not merely of a society in which all black men have enough to buy the good things of life. When we urge that black money go into black pockets, we mean the communal pocket. We want to see money go back into the community and used to benefit it. We want to see the cooperative concept applied in business and banking. We want to see black ghetto residents demand that an exploiting landlord or store keeper sell them, at minimal cost, a building or a shop that they will own and improve cooperatively; they can back their demand with a rent strike, or a boycott, and a community so unified behind them that no one else will move into the building or buy at the store. The society we seek to build among black people, then, is not a capitalist one. It is a society in which the spirit of community and humanistic love prevail. The word love is suspect; black expectations of what it might produce have been betrayed too often. But those were expectations of a response from the white community which failed us. The love we seek to encourage is within the black community, the only American community where men call each other 'brother' when they meet. We can build a community of love only where we have the ability and power to do so: among blacks.

Stokely Carmichael, *What we Want* from *The New York Review of Books,* September 1966

Annotations
to equate to consider as equal – **apathy** lack of feeling, sympathy or interest, indifference – **Whitey** nickname for white Americans – **exploitation** unfair use of, use for one's own profit – **to prevail** to win, to gain a victory – **S. Carmichael** was president of the Student Non-violent Coordinating Committee (SNCC)

In: Topical Texts 1, Advanced Comprehension Pieces, hrsg. von H.-W. Becker/O. Laudien, Stuttgart: Ernst Klett Verlag, S. 41/42

Hektographie zur 13. Stunde

The Civil Rights Movement

① Beginning of 20th century:
W. E. Du Bois (Negro author and editor) fought for the black cause.
1909 NAACP (National Association for the Advancement of Coloured People) was founded.

② 1942 CORE (Congress of Racial Equality) was founded.

③ 1954 Supreme Court decision required schools of the public system to admit Negro children
→ vigorous anti-Negro movement in the South

④ In the fifties and sixties, the Civil Rights movement gained impetus under the leadership of the Negro pastor *Dr. Martin Luther King*

struggle on the basis of strict non-violence.
Montgomery bus boycott 1963 march to Washington

After his assassination (1968) – which brought a heavy blow to the movement of non-violence – the movement split up into several groups; the influence of radicals was strengthened:

Black Muslims	Black Panther
Already in the early sixties the Black Muslims had stimulated national pride and hatred of whites. Leader *Malcolm X* wanted to decide the Negroes' cause with 'bullets rather than ballots'. He demanded separate states for Negroes and whites in the USA.	By 1966 the centre of radical conflict had shifted to California, where the Black Panther Party became the largest militant Negro group. Founders: *Huey Newton* and *Bobby Seale* demanded complete black control of Negro areas and the arming of blacks. → Permanent state of war existed between Black Panther and the police.

gen einer „idealen" Gemeinschaft beschreiben und seinen Vorschlag kritisch beurteilen. (Gruppenarbeit wäre sinnvoll, da der Text sprachlich und inhaltlich nicht ganz einfach ist und einzelne Schüler vielleicht überfordert wären.)
Die für die Auswertung sehr weit gefaßte Frage nach den Unterschieden zwischen King und Carmichael zwingt die Schüler, ihre Erkenntnise auf das Wesentliche zusammenzufassen. Der Tafelanschrieb wird vervollständigt (TA 2).
Dann gibt der Lehrer einen kurzen Überblick über die Civil Rights Movement; die Schüler erhalten davon eine Zusammenfassung auf einer Hektographie (vgl. S. 73f.).
Die Schüler sollen abschließend in einer offenen Diskussion zum Problem *violence – non-violence* Stellung nehmen und ihre Meinung äußern. (Falls die Schüler dabei zurückhaltend sind, kann der Lehrer Impulse geben, indem er ganz konkrete Fälle aufgreift und zur Diskussion stellt.)

Erweiterungsmöglichkeiten

- Zusatztext zur Verdeutlichung der Schwierigkeiten eines schwarzen Autors; z. B. J. Kozol *Reading Black Poetry in a Boston School*... in: Growing up black in America, Schöningh.
- Einbeziehung weiterer Texte und Stellungnahmen einiger bedeutender Persönlichkeiten aus Vergangenheit und Gegenwart zur Rassenfrage.

Zum Inhalt der Stunde

Unterrichtsschritt 1:

Walter and Asagai differ to a great extent in their reactions to a problem: Walter's resignation and sarcasm are confronted with Asagai's idealism and belief in individual effort. For Asagai fighting is the only possible way of achieving progress, even if it seems useless at times. Moreover, he talks of his willingness to sacrifice his life if needed, and he points out that bitterness and resignation will not initiate any change.
Of course Asagai's way of influencing the course of things must be considered unrealistic for the majority of people. But there are other ways – e.g. Lorraine Hansberry's: by talking, writing and pub-

lishing, a general awareness of the problem can be woken, which will initiate discussions and make an important contribution to the solution. In this respect Hansberry's drama has contributed to a general awareness. It was enormously successful on Broadway, a fact that, among others, is due to its moderate way of treating the problem: It is a nice play with pleasant people which offends nobody; there is no open protest or violence; it is the idea of peaceful coexistence of black and white people that underlies the drama.

As a well-meaning critic told L. Hansberry, *A Raisin in the Sun* is "not really a Negro play; . . . It's a play about people!" (printed in *From the Dark Towns,* A. P. Davis, p. 206). Nevertheless, despite its drawbacks and shallowness, the spectators are confronted with and forced to think about the racial problem.

Apart from individual effort there is the more effective (and perhaps less frustrating) way of joining together with other people – in private organizations or political parties, in order to initiate spectacular measures like demonstrations, strikes, boycotts etc. which will attract the public's attention.

Unterrichtsschritt 2:

In his famous speech "I have a dream" Dr M. L. King, a Negro clergyman, the leader of the Civil Rights Movement in the sixties, talks to his fellow people about his dream of equality and peace between the white and the black people. He asks them not to lose hope but to be confident, for one day the blacks will be free and equal, and there will be peace among all people. Based on the principles of Christianity, blacks and whites will live together as one community. (Thus the use of violence is excluded.) His consolation for the time being is that hope for a better future will give them strength to endure the hardships of the present – which is a parallel to Mama's attitude towards life.

A different concept has been developed by Stokeley Carmichael (who coined the slogan of "Black Power"). He believes that the segregation of the blacks from the whites is the only possible way of solving the conflict; to him the gap between the races is too wide to be overcome. One of his basic demands is the establishment of a socialist system where everybody has what he needs, so that "the spirit of community and humanistic love prevail". Stokeley Carmichael, one of the leaders of the Black Muslims, had been a leader of the Students-Non-Violent Coordinating Committee (S. N. C. C.) which had great success through non-violent actions. However, as a result of the slow progress, the organization became more and more radical and openly demanded the use of violence (→ Black Power).

Malcolm X, Carmichael's predecessor, whose original name had been Malcolm Little, had already stimulated national pride and hatred of the whites. He wanted to decide the Negroes' cause with "bullets rather than ballots" and had also demanded separate states for Negroes and whites.

The Black Panther Party became the largest militant group in California, which had become the centre of racial conflict by 1966. The party demanded complete black control of Negro areas and the arming of blacks as a protection against racist police. There was a permanent state of war between Black Panther and the police, with many people losing their lives.

With Martin Luther King's assassination in 1968 the Civil Rights Movement, based on the principle of non-violence, was dealt a heavy blow; the influence of the radicals strengthened.

14. Stunde: The play and the American Dream

Didaktische Vorbemerkung

In den letzten Stunden dieser Unterrichtseinheit wird nochmals der umfassende Versuch gemacht, eine Beziehung zwischen dem fiktiven Drama und der Realität herzustellen; die Erkenntnisse der gesamten Einheit dienen dazu als Voraussetzung. Außerdem sollte der Schüler nun in der Lage sein, sich kritisch zum Stück (sowohl zum Inhalt als auch zur Form) zu äußern und seine eigene Meinung einzubringen.
Die zentrale Rolle, die der *dream* der Familie Younger im Stück spielt, legt es nahe, eine Verbindung zum *American Dream* herzustellen – ein Traum, der für das Denken der Amerikaner charakteristisch ist, der schon in der Unabhängigkeitserklärung seinen Ausdruck fand und im weiteren Verlauf der Geschichte immer wieder aufgetaucht ist. Es soll nun überprüft werden, ob die optimistische Auffassung von seiner Verwirklichung, wie sie 1931 von Adams (vgl. Textausgabe S. 90) geäußert wurde, auch auf die heutige Zeit zutrifft.
Im folgenden wird dann untersucht, ob auch Lorraine Hansberrys Figuren in ihrem Denken und Handeln sowie sie selbst vom *American Dream* beeinflußt sind. In diesem Zusammenhang wird das Gedicht von L. Hughes miteinbezogen. Die Interpretation wurde bewußt ans Ende der Einheit gerückt, da es den Schülern jetzt ohne weiteres möglich ist, den dort erwähnten *dream deferred* sowohl mit den Träumen der Familie Younger in Verbindung zu bringen, als auch darin eine Anspielung auf den *American Dream* zu erkennen.
Mit der Aufgabe, Hansberrys Stellung zum *American Dream* zu beschreiben, wird vom Schüler eine produktive Denkleistung gefordert; er muß sich das gesamte Stück nochmals vergegenwärtigen und sich gleichzeitig eine persönliche Meinung bilden. Gruppenarbeit erscheint hier sinnvoll, da sie den Schülern die Möglichkeit gibt, unterschiedliche Meinungen zu sammeln und abzuwägen.
Abschließende Informationen zu Schwierigkeiten und Entwicklung der Schwarzen Literatur beenden den Versuch, die Position der Autorin näher zu bestimmen.

Verlaufsskizze

Voraussetzungen:

Die Schüler haben den Artikel von J. T. Adams (Textausgabe S. 90) vorbereitet und sich kurz mit dem *American Dream* befaßt.

Unterrichtsschritt 1:
The American Dream

Der zu Hause vorbereitete Text zum *American Dream* von Adams wird gelesen; die Schüler geben kurz wieder, was unter diesem Ausdruck zu verstehen ist (Kontrolle der HA). Die sich anschließende Lehrerfrage geht auf die Geschichte des Begriffes ein; der Wortlaut der Unabhängigkeitserklärung kann hier auf Folie eingeblendet werden. Die wichtigsten Merkmale werden nun im TA auf der linken Seite festgehalten.
Im offenen Unterrichtsgespräch wird auf die Situation der Schwarzen in der Gegenwart eingegangen; um das Gespräch anzuregen, werden einige Zahlen aus der Arbeitslosenstatistik auf Folie vorgelegt. Die Erkenntnisse werden ebenfalls an der Tafel unter der Überschrift *reality* dem *Ame-*

rican Dream gegenübergestellt und kommentiert.

Als Überleitung zum zweiten Unterrichtsschritt, der Interpretation des Gedichts *Harlem,* stellt der Lehrer die Frage, an welcher Stelle des Stückes zum ersten Mal darauf hingewiesen wird, daß der *dream* auch in den fünfziger Jahren aktuell war. Das Gedicht ganz am Anfang dürfte den Schülern schnell ins Auge fallen.

Unterrichtsschritt 2:
'Harlem'

Es wird dann gemeinsam gelesen und in einem Unterrichtsgespräch interpretiert. Dabei sollen die Schüler zunächst ganz allgemein die Problematik, die darin zum Ausdruck kommt, zusammenfassen und auf die Bedeutung, die der *dream* haben könnte, eingehen.

Zusatzmaterial zur 14. Stunde

US Employment Statistics (May 1980)

	Total	White	Black and Other
Labor force	104542000	92096000	12446000
Unemployed	8006000	6303000	1695000
Unemployment rate	7,7%	6,8%	13,6%

Unemployment Rates (%) by Race and Sex

	All races			White			Black		
	Total	Male	Female	Total	Male	Female	Total	Male	Female
1947	3,8	3,6	4,1	3,5	3,4	3,8	5,9	5,8	6,1
1957	4,3	4,1	4,7	3,8	3,6	4,3	7,9	8,3	7,3
1967	3,8	3,1	5,2	3,4	2,7	4,6	7,4	6,0	9,1
1977	7,0	6,2	8,2	6,2	5,5	7,3	13,1	12,4	14,0

In: Modern Life, Stuttgart: Ernst Klett Verlag, S. 107

Arbeitsblatt zur 14. Stunde

1) Try to define Lorraine Hansberry's position towards the American Dream.

   (Does any character embody the American Dream?
   Does Hansberry attack the dream?)

2) Why is the title of the play "A Raisin in the Sun"?

Include into your considerations:

p. 8 the poem (including the lines printed in italics)

p. 88 "Why, of course we are bitter. The entire situation suggests that the nation be reminded of the two little final lines of Langston Hughes' mighty poem..."

p. 89 "There is simply no reason why dreams should dry up like raisins or prunes or anything else in America."

In einem kurzen Einschub gibt der Lehrer einige Informationen zum Autor selbst und zu seinem Gedicht.
Anschließend werden die Metaphern entschlüsselt; dies kann entweder im fragend-entwickelnden Verfahren geschehen, oder als Arbeitsauftrag kurz vorbereitet und gemeinsam ausgewertet werden. Nach Abschluß der Gedichtinterpretation sollen die Schüler als Transfer die Funktion des Titels des Dramas beschreiben.

Unterrichtsschritt 3:
Hansberry's position

Die Schüler bearbeiten in Gruppen die auf dem Arbeitsblatt (vgl. S. 77) angegebenen Fragen, indem sie ihre Antworten stichwortartig notieren. Im Mittelpunkt steht die Frage nach der Einstellung L. Hansberrys gegenüber dem *American Dream.*
Die Bearbeitung der Fragen in Gruppen soll dazu beitragen, daß möglichst viele Schüler sich an der Diskussion beteiligen. Der Lehrer bringt dann noch Informationen über Entwicklung und Schwierigkeiten der Schwarzen Literatur und geht kurz auf Hansberrys Stellung unter ihren Zeitgenossen ein. (Dies kann evtl. auch als Schülerreferat vorgetragen werden).

Zum Inhalt der Stunde

Unterrichtsschritt 1:

To the first settlers America appeared to be the ideal country: a vast land at their disposal, no restrictions imposed by any traditional religions, economic or political orders. After the States had gained independence there seemed nothing to hinder the individual's "pursuit of happiness". A majority of people shared the belief that every person should have – and in fact had – an equal chance to become rich and powerful. The constitution was meant to secure individual sovereignty and personal economic independence.
However, the dream that neither property nor social class should be of importance to the individual, and that social mobility was within everybody's reach if he was strong and industrious enough, increasingly proved to be an illusion. Neither democracy nor the system of free enterprise could guarantee unrestricted freedom; the individual had to make allowances because of his dependence on others – within the family, at work, in society in general.
Moreover, the economic crisis has made people aware of the limits of economic growth. A comparison between the Inaugural Speeches of Thomas Jefferson (1801) and Jimmy Carter (1977) – (Modern Life, p. 146/150) – illustrates that the initial feelings of enthusiasm have given way to doubt and scepticism. Although maintaining the validity of the dream, Carter stresses the necessity of individual *sacrifice* for the common good, instead of emphasizing the *rights* that everyone should have.
In considering the situation of the blacks, the gap between dream and reality becomes even more obvious. From the very beginning they seemed to be excluded from the idea of equality. But although their chances have improved in the last two decades, striking inequalities have remained. According to the U.S. Employment Statistics of May 1980 (Mod. Life, p. 107) the unemployment rate among blacks is approximately twice as high as among whites, a similar situation to 1947; and there is no sign that the barriers of ghettos can easily be removed by individual effort.

Unterrichtsschritt 2:

L. Hansberry inserted Langston Hughes' well-known poem 'Harlem' in her play as a means of introducing the reader into the problems and of guiding his interpretation. By dedicating her drama "To Mama in gratitude for the dream", thus alluding to Mama's dream of leaving the ghetto, she links it with the message of the poem: From the very first line the reader's attention is drawn to the essential problem – "a dream" that has been "deferred", and its consequences.

Then a number of possible consequences clothed in metaphors are suggested. They range from resignation to the outbreak of violence. Like raisins in the sun the dreams and hopes might dry out and fade away leaving behind apathy and resignation. The problem will probably be the source of permanent pain ("fester like a sore", l.4) and disgust ("stink like rotten meat", l.6). Soothing measures might be taken without solving the core of the problem ("crust and sugar over", l.7) or it might oppress people by its weight ("it just sags like a heavy load", l.9/10). The short final line stands out against the rest of the poem by the way it is printed, and, in addition to this, it doesn't contain a metaphor. This gives particular emphasis to its contents – the danger of an explosion as a form of violence and aggression. Strikingly enough, the poem consists of questions (mainly): the sentence structure goes parallel with the contents and reflects the uncertainty of the situation. No definite answer can be given at the moment; the author leaves it to the reader to draw his conclusions.

Yet, it is not only the Younger family's situation that is reflected in this poem. Its original title *Harlem,* the black ghetto of New York, indicates the author's concern for the blacks' situation in general: it is about the blacks' dream of racial equality, the American Dream, and it was written at a time that was characterized by racial discrimination. And as the events have proved, the author's foreboding of an explosion came true (cf. lesson 13).

Unterrichtsschritt 3:

"A good old-fashioned home-spun saga of some good working-class folk in pursuit of the American Dream ... in their fashion." (Harold Cruse, in *A Raisin in the Sun,* p. 90/91)

There are elements in the play that seem to justify this rather sarcastic statement. The most obvious victim of the ideology of the American Dream is Walter (cf. lesson 6, "Money"), but even Mama, altruistic in her basic convictions, believes in the "pursuit of happiness" for her own family and in the importance of their own strength, pride and unity.

And what about Lorraine Hansberry? There is no evidence in the drama that she attacks the belief in the dream in general: The family's hopes can be fulfilled to some extent; they are not crushed by the impact of the difficulties they face. The main emphasis of the drama lies with the obstacles threatening the dreams, and the means to overcome them. These obstacles are, on the one hand, caused by society (class, race, etc.), and on the other hand are due to the individual himself: Walter is too unrealistic a person, trusts the wrong people; Ruth has become indifferent and apathetic (cf. lesson 4); even Mama is afflicted with doubts and a sense of weakness.

Yet, to reduce all their dreams to the idea of the American Dream only, would be to oversimplify the matter: Asagai's principles (cf. lesson 6) are virtually opposed to it, and so are some of Beneatha's. The author's dreams which caused her to write

the drama can also be seen in connection with Martin Luther King's famous speech; they are concerned with the individual search for wealth *and* for the collective opportunities of her race. 'Dream' in this play is presented as a basic impulse of man; in order to realize a dream it may have to be altered, adapted to reality, partly rejected if necessary, but in its essence the dreams is the vital basis of change in society. This is why Hansberry can add "in gratitude for the dream" to Hughes' poem.
In the title of her drama, "A Raisin in the Sun", Hansberry adopted one line of Hughes' poem, but she changed his question ("does it dry out like raisins in the sun?") into an affirmative statement: a possibility became certainty. This gives rise to a number of speculations concerning her motives. Does the title give a resignating comment on the Younger family's hopes and dreams that "have dried up", and does it refer to the futility of the blacks' struggle for equal rights? If so, the shallowness of the play with its "happy ending" that has been criticized so often, was created on purpose by her in order to point out by *her* comment in the title the gap between the Younger family's illusions and reality – a reality where dreams dry up like raisins in the sun. The means, then, suggested in the play, to bring about some change, have turned out to be useless; money, education, individual effort will not improve the blacks' situation. Thus the title would express Hansberry's resignation. On the other hand, it might as well contain a warning: if the blacks' dreams "dry up", the situation will end up in an explosion. It is a warning of the potential conflicts and dangers which might arise if prejudice and unequal opportunities keep destroying the blacks' dreams. It might be a hint that the potential danger can be avoided if the dreams lead to some positive change (cf. quotations on the worksheet). Such a more optimistic interpretation of the title would be more likely as it would correspond to the tenor of the drama and to L. Hansberry's character.

Exkurs: Afro-American literature and L. Hansberry

Negro fiction has long been neglected; the lack of publicity made it difficult for the authors to get their work published at all. Until the sixties only a few writers had managed to become successful and well-known, among them Ralph Ellison, Richard Wright, James Baldwin. Part of Afro-American literature was protest literature with the ideological aim prevailing over the aesthetic aspect. This was generalized by some critics who regarded all Negro fiction as having no literary value.
One of the most important stages in the development of Black Literature was the period between 1920 and 1930/40. As a result of many Negroes migrating from the South to the Northern cities, an intellectual middle class emerged that brought about a cultural movement known as the "New Negro Renaissance", or "Harlem Renaissance". According to Arthur P. Davis in his book *From the Dark Towns,* it represented "a new confidence and a new viewpoint for the black writers of those years ... It gave the Negro protest writer a new irony, a new kind of satiric approach in the fight for equality, ... it stirred up at least a conventional interest in Africa as the homeland, thereby enhancing to some extent pride in race ..., it gave him a quality that Negro writers ... had lacked, a sense of fun and gaiety and whimsy." (p. 12/13).
With regard to the influence of this period on subsequent Afro-American literature a

"continuing tradition", and the "literary validity and continuing historical significance of the Renaissance" (p. 14, Abraham Chapman, in *From the Dark Towns*) have been talked about.
Following this tradition Lorraine Hansberry has included elements mentioned above, such as interest in Africa, pride in the race, a sense of fun in her drama. The author of "A Raisin in the Sun..." was praised by Dr. M. L. King for her "creative literary ability and her profound grasp of the deep social issues" of today. Her plays have been all the more successful for her writing about problems that concerned the American nation to a large extent, which has become apparent by the increasing influence of the Civil Rights Movement.

15. Stunde: Final critical evaluation of the play

In dieser abschließenden Stunde sollen die Schüler sich mit kritischen Stellungnahmen zur inhaltlichen und literarischen Qualität des Stückes auseinandersetzen; sie müssen versuchen, die einzelnen Argumente zu bestätigen bzw. zu entkräften.
Dabei werden dann Alternativen zum Ausgang des Dramas gesammelt. Die Schüler werden „kreativ" tätig und erkennen gleichzeitig, daß Hansberrys Lösung durchaus nicht selbstverständlich und die alleinig mögliche ist, sondern daß auch andere logisch und denkbar sind.
Mit der Analyse eines Zeitungsartikels (vgl. S. 83f.) verlagert sich der Schwerpunkt auf die Ebene des Vergleichs zwischen Drama und Realität; gleichzeitig wird damit die Verbindung hergestellt zwischen der Vergangenheit (genauer: den 50er Jahren) und der Gegenwart.
Den Abschluß der Einheit bildet eine Diskussion über den Ablauf der gesamten Unterrichtseinheit. Sie dient als *feedback* für den Lehrer und trägt zu einer partnerschaftlichen Arbeitsatmosphäre bei. Die Schüler sollen ihre Eindrücke und Reaktionen während der Einheit schildern und daraus Konsequenzen in bezug auf Ablauf und Aufbau ziehen.

Verlaufsskizze

Unterrichtsschritt 1:
Evaluation of the play

Die abschließende Bewertung des Dramas wird mit einem offenen Unterrichtsgespräch eingeleitet. Die Schüler sollen die ihrer Meinung nach wichtigsten Probleme, die hier zur Sprache kamen, nennen und ihre Meinung dazu abgeben.
Als Ausgangspunkt für eine Bewertung der literarischen Qualität dienen zwei kritische Stellungnahmen (S. 91), die nach der Lektüre in einem gelenkten Unterrichtsgespräch eigene Stellungnahmen der Schüler herausfordern sollen. Es ist durchaus möglich (und auch gewünscht), daß kein einheitliches Meinungsbild zustande kommt. Der Vorwurf einer allzu „mechanisch konstruierten Handlung", wie er von Sollors vorgebracht wird, kann entkräftet werden, indem der Schüler sich den Ablauf der Ereignisse vergegenwärtigt und sieht, daß der Ausgang des Stückes durchaus nicht von Anfang an klar ist. Die Aufforderung, sich Alternativen zum Stückende auszudenken, macht vollends deutlich, welch andere Möglichkeiten der Handlungsführung der Autorin zur Verfügung gestanden hätten.

Unterrichtsschritt 2:
Dream – reality

Die Analyse eines Zeitungsartikels *America's Rising Black Middle Class* (vgl. S. 83f.) bietet noch einmal die Gelegenheit, von der Fiktion des Stücks auf die Realität der Gegenwart zu schwenken und die Frage nach der Realität des *American Dream* für die Schwarzen Amerikas unter leicht veränderter Aspekte zu vertiefen.
Der Text wird gemeinsam gelesen, dann werden Fragen gestellt, die sich u. a. auf die Ursachen für die Veränderungen und auf den Tenor des Artikels beziehen. Dabei sollte deutlich werden, daß der Optimismus, der hier zum Ausdruck kommt, kritisch relativiert werden muß.

Unterrichtsschritt 3:
Critical discussion of the teaching unit

Eine Diskussion des Ablaufs der Einheit beendet diese Stunde und schließt die Einheit ab. Fragen nach dem persönlichen Interesse und der Motivation und die Stellungnahme zum Aufbau und Ablauf der Einheit sind wichtig als Rückkoppelung für den Lehrer; gleichzeitig vermitteln sie dem Schüler das Gefühl, wenigstens zu einem gewissen Grad den Unterrichtsablauf mitbestimmen zu können.

Zum Inhalt der Stunde

Unterrichtsschritt 1:

Most critics mainly object to two aspects of the play: the presentation and "solution" of the racial question and the literary quality of the play.
In no way does Hansberry suggest any radical attempt to change the blacks' situation. She rather puts forward an idealistic belief in human values. Yet, it may well be the lack of onesided propaganda that has contributed to the play's success and made some spectators/readers reflect on the questions which arise.
As far as the literary quality is concerned, it has to be admitted that the play is conventional, without any outstanding creative innovations in form or content. But this does not imply that the action is too mechanical or artificial. L. Hansberry managed to create suspense in the drama, in some scenes it is built up very skilfully (e. g. in the discussion on religion between Beneatha and Mama – when Mama is driven to slap Beneatha, an action quite contrary to her nature –, or in the last act – the confrontation between Walter and Lindner might well have ended completely differently.)
The reproach that certain decisions made by Walter or Mama lack psychological motivation seems unjustified. Mama's handing over the money to Walter was well prepared in the drama (cf. lesson on "family structure"); Walter's confidence in Willy Harris is completely in line with his character and his way of pursuing his dreams, thereby forgetting reality. Logical explanations can even be found for Mama buying the house without consulting her family (although these are based on speculation): She believed that it was absolutely necessary at that point of time to realize her dream in order to save her family (p. 48), and she probably hoped that Walter would accept it when confronted with a 'fait accompli'. Further discussions with Walter would certainly have been useless, as was shown in the previous scenes.

America's Rising Black Middle Class

Black militancy. Black rage. Black separatism. Black crime. For years, these have been the catchwords that have discomfited and even chilled white Americans, for they imply an alien and hostile race scarcely at home in a land where it has lived for some 350 years. But another phrase may well become even more familiar: *Black middle class.*

Beneath the more dramatic and widely reported clashes and confrontations a reassuring process has been under way for the past decade. With little fanfare, without the rest of the society quite realizing it, more and more blacks are achieving the American dream of lifting themselves into the middle class.

To be black in the U.S. is no longer to be subordinate – not necessarily. The national effort to give blacks a more equitable share of the nation's goods and benefits has had results – uneven but undeniable. Increasingly, blacks are seen in offices of corporations and banks, in classrooms of elite colleges, in officers' clubs, affluent suburbs, theaters, tourist haunts. As they have rapidly risen, middle-class blacks have learned to live more easily with whites – whether they like them or not. The best thing they can do for racial relations, many feel, is to do well.

There is no quarreling with the fact that blacks have been moving into skilled and managerial jobs. Besides a generally fast-expanding economy in the past decade, there have been other contributing factors: pressure from the Federal Government to end discrimination in the marketplace; a more enlightened attitude on the part of business leaders, who actively recruit blacks; and of course the pertinacity of blacks themselves who recognize their opportunities and seize them.

With their new affluence, middle-class blacks tend to be conspicuous consumers. Blacks buy 23% of all shoes sold in the U. S., and 25% of all musical cassettes. Taking trips to the Caribbean, Mexico, Europe and Africa, they make up one of the fastest-growing segments of the travel industry.

A cruel dilemma facing the new middle class is their relationship with blacks left behind in the ghetto. It is natural enough for the middle class to pull out of the slums once they can afford to – just as other ethnic groups have done. But by leaving, they abandon those who cannot escape the ghetto to its more rapacious elements, aggravating the spread of crime and decay. Small wonder that middle-class blacks feel some guilt and ambivalence about fleeing to better neighborhoods.

From *Time Magazine*

Annotations

catchword frequently used slogan or phrase – **to discomfit** [ʌ] to confuse – **to chill** to make s. o. shiver with cold or fear – **alien** ['eljən] strange, foreign –

hostile ['hostaɪl] unfriendly – **clash** conflict – **reassuring** removing fears or doubts – **fanfare** ['fænfeə] – **equitable** ['----] fair, just – **uneven** not equally distributed – **corporation** *here:* big company – **affluent** ['æfluənt] wealthy – **haunt** *coll.* place frequently visited – **to expand** to grow – **market place** *here:* labour market – **enlightened** free from prejudice and ignorance – **to recruit** [ri'kru:t] anwerben – **pertinacity** [pɜ:tɪ'næsɪtɪ] Beharrlichkeit – **conspicuous** [kən'spɪkjʊəs] very noticeable – **ethnic** of a certain race or national origin – **to abandon** [–'––] to give up – **rapacious** [rə'peɪʃəs] greedy and violent – **to aggravate** ['–––] to make worse – **decay** Verfall – **ambivalence** [–'–––] conflicting feelings about s. th.

In: Modern Life, Stuttgart: Ernst Klett Verlag, S. 106/7

Bibliographie

1. Texte für den Unterricht

1. Lehrwerke

Alpers, M., Voges, H., Weiß, G. (Hg.). *Britain and America.* (Velhagen & Klasing, 1969).

Brusch, W., Gohrbandt, D. u. a. (Hg.). *Life, Language, Literature.* (Klett, 1982).

Lechler, H.-J., Ungerer, F., Turck, G. (Hg.). *Modern Life, Revised Edition.* (Klett, 1981)

2. *Textsammlungen*

Becker H.-W., Laudien, O. (Hg.). *Topical Texts 1: Advanced Comprehension Pieces.* (Klett, 1977).

Freese, P. (Hg.). *Growing up Black in America.* (Schöningh, 1977).

Henss, H., (Hg.). *Unterrichtsmodelle für die Sekundarstufe II: Human Aggression.* (Hirschgraben, 1976).

Meumann-Sichart, U. (Hg.). *Topical Texts 9: The Black American.* (Klett, 1980).

Schütze, J. (Hg.). *Twelve American Essays.* (Diesterweg, 1967).

Stone, J. B., Masket, L. K. (Hg.). *Stories from the Black Experience (Model Interpretations).* (Klett, 1982).

2. Weiterführende Literatur

Berghahn, Marion. *Kontinuität und Wandel des Afrikabildes in der afroamerikanischen Literatur.* (Freiburg, Phil. Diss., 1974).

Chapman, Abraham (Hg.). *Black Voices: An Anthology of Afro-American Literature.* (New York, 1968).

Fabian, Bernhard (Hg.). *Ein anglistischer Grundkurs.* (Fischer Athenäum, 1973).

Frederickson, George M. *The Black Image in the White Mind: The Debate on Afro-American Character and Destiny, 1817–1914.* (New York, 1972).

Goetsch, Paul. *Bauformen des modernen englischen und amerikanischen Dramas.* (Darmstadt, 1977).

Gutman, Herbert G. *The Black Family in Slavery and Freedom, 1750–1925.* (New York, 1976).

Haley, Alex. *Roots.* (London, 1978).
Ders. (Hg.). *Der schwarze Tribun: Malcolm X: eine Autobiographie.* (Frankfurt, 1966).

Holdt, Jacob. *Bilder aus Amerika.* (Frankfurt, 1978).

Huggins, N., Wilson, M., Fox, D. (Hg.). *Key Issues in the Afro-American Experience.* (New York, 1971) Vol. I & II.

Ostendorf, Bernhard. "Black Poetry, Blues, and Folklore: Double Consciousness in Afro-American Oral Culture."
Amerika Studien, 20 (1975 H.2), S. 209–259.

Rainwater, L., Yancey, W. *The Moynihan Report and the Politics of Controversy.* (Massachusetts, 1967).

Sieper, Roswitha. *The Student's Companion to the USA* (Max Hueber, 1978).

Stundenblätter Englisch

Benecke, Ingrid
Stundenblätter Macbeth
Klettbuch 925165

Herrlinger, Wolfgang
Stundenblätter Pinter
"The Dumb Waiter"
Klettbuch 925164

Hoops, Traudl / Hoops, Wiklef
Stundenblätter Salinger
"The Catcher in the Rye"
Klettbuch 925131

Hoops, Wiklef / Hoops, Traudl
Stundenblätter Orwell "1984"
Klettbuch 925161

Kaiser, Gerd
Stundenblätter Golding
"Lord of the Flies"
Klettbuch 925162

Kaiser, Gerd
Stundenblätter Hemingway
Short Stories
Indian Camp / The Killers / The Battler / Old Man at the Bridge
Klettbuch 925151

Künzig, Hans u. a.
Stundenblätter
"The Hound of the Baskervilles"
"Dead End for Murder"
Klettbuch 925101

Sonnhütter, Ingrid
Stundenblätter
Aldous Huxley
"Brave New World"
Klettbuch 925111

Wolf, Helmut
Stundenblätter
Tennessee Williams
"A Streetcar Named Desire"
Klettbuch 925121

Ziegésar, Detlef von / Ziegésar, Margaret von
Stundenblätter Sillitoe
"The Loneliness of the Long-Distance Runner"
Klettbuch 925141

TRAINING ENGLISCH

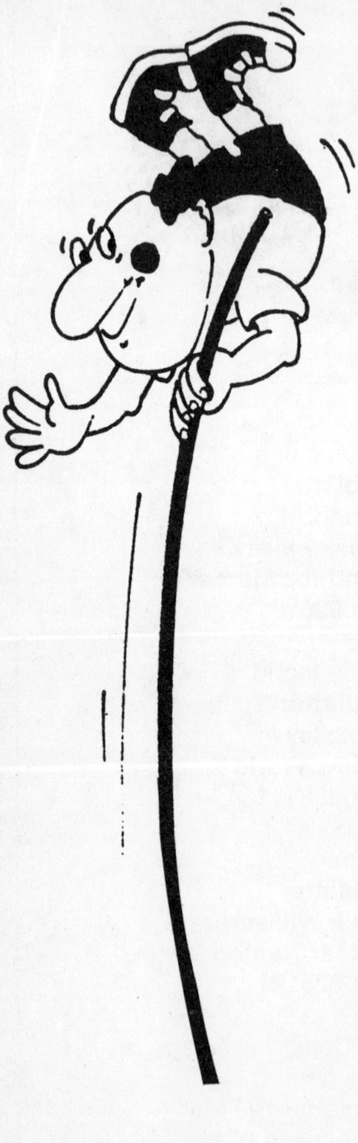

Gerd Köhncke/Dieter Klaas

Training Englisch

Grammatikübungen für die Klassen 9/10
Beilage: Lösungsheft
103 Seiten + 30 Seiten Beilage, kart.,
Klettbuch 928911

Training Englisch 9/10 bietet einen Durchgang durch den wichtigsten Grammatikstoff der Sekundarstufe I. Jedes Kapitel besteht aus einem motivierenden Text als Einstieg, Merk- und Regelkästen, Beispielen sowie zahlreichen Übungsmöglichkeiten.

Frank Schönherr

Training Rechtschreiben Englisch

3.–6. Lernjahr
Beilage: Compact-Cassette mit den 18 Diktaten des Buches
156 Seiten + 24 Seiten Beilage, kart.,
Klettbuch 929021

Eine Gesamtübersicht über die zentralen Problembereiche der englischen Rechtschreibung mit zahlreichen Übungen. Vorgestellt und geübt werden: das Regelsystem der englischen Rechtschreibung, die einzelnen Laute und die unterschiedlichen Schreibweisen, gleich- und ähnlich-klingende Wörter sowie häufig falsch geschriebene Wörter.

Klaus Schuster/Rudolf Birkenbach/
Klaus Dieter Bischof

Training Englisch

12./13. Schuljahr
Beilage: Lösungsheft
120 Seiten + 56 Seiten Beilage, kart.,
Klettbuch 92895

Hier wird eine gründliche Einführung in die Arbeit mit der kombinierten Textaufgabe gegeben anhand von Beispieltexten mit genauen Aufgabenstellungen. Zahlreiche Kniffe und Lösungshinweise erleichtern die Bearbeitung.

Detlef von Ziegésar/Margaret von Ziegésar

Training Englisch

16 Erweiterte Textaufgaben für das 10. Schuljahr
Klettbuch 922101

Der Band deckt alle Aufgabenbereiche der Erweiterten Textaufgabe ab:
- Comprehension
- Language
- Translation
- Guided Writing